这是一本接地气的人物传记。文字像从地里刚刚长出，真实得主人翁陈永锵一时也无法面对。

在崇尚英雄的时代，高大常常隐藏着虚伪。面对人性的复杂，我们往往忽视了身体部分的世俗性，把英雄拔高得不食人间烟火。事实上，人的行为是由动物性与社会属性构成的，并不是一举一动，都非常高尚。看似一些没有意义的生活，一点一点地叠加之后，呈现出了生命的意义。基于这样的认识，传记作家陈文，选择画家陈永锵作为描写的对象，用一种可以“移动”的方式，把一个画家的生活，原生态地“搬”到纸上。

广东的熟人社圈里，画家陈永锵，男女老少都叫他“锵哥”，连幼儿园的孩子都叫他“锵哥爷爷”。“锵哥”这个名称近年也在全国画坛叫开，听起来有些江湖气。但这只是表象。传记作家陈文沿着街头巷尾“锵哥”的叫声，走进了陈永锵的生活，用一年的时间采访，半年的时间写作，完成了这本书，用文字与图形重建了陈永锵过往的生活现场。主人翁生活的细节与艺术感悟，在这本书里得以最大限度地呈现。

陈永锵六十六年的人生，压缩在一个本子里，有时间的伤感，也有生命的灿烂。作为画家，除了世俗的柴米油盐与酸甜苦辣之外，他的精神世界，应该是个什么样子？

艺术从何来？艺术的梦想怎样落地？艺术的灵魂如何获得自由？艺术家对美的迷恋一生都纠缠不清吗？怎么画，画什么才能取得突破？绘画的最高境界是画家画自己的心智图像吗？在这本书里，作者用思考与探索的文字，与读者一起走进一个艺术家的精神世界。

路无尽头，心路更长，至死都无法走完，这是生命的传奇和珍贵所在。在这本人物传记里，作者通过对陈永锵生活的记录，也对生命意义进行了自己的解读。

这本书颠覆了传统的人物传记写作模式，用接地气的世俗语言与灵光诗意的文字组合，雅俗共存，把主人翁真实的生活与精神世界表现得淋漓尽致，为当代人物传记的写作提供了一个范本。

Whatever he plans,
is all about himself.

画什么都是画自己

Painter and Painting

画自己

陈永锵私人艺术史

陈 文 / 著

GUANGXI NORMAL UNIVERSITY PRESS
广西师范大学出版社
· 桂林 ·

HUA ZIJI

责任编辑：李　琳
美术编辑：汪　娟　王玲芳
责任技编：李春林

图书在版编目（CIP）数据

画自己：陈永锵私人艺术史 / 陈文著．—桂林：广西师范大学出版社，2015.5
ISBN 978-7-5495-6442-2

Ⅰ．①画… Ⅱ．①陈… Ⅲ．①陈永锵—生平事迹 Ⅳ．①K825.72

中国版本图书馆 CIP 数据核字（2015）第 051280 号

广西师范大学出版社出版发行
（广西桂林市中华路 22 号　邮政编码：541001
网址：http://www.bbtpress.com）
出版人：何林夏
全国新华书店经销
桂林广大印务有限责任公司印刷
（桂林市临桂新区西城大道中段广西师范大学出版社集团有限公司创意产业园　邮政编码：541100）
开本：890 mm × 1 240 mm　1/32
印张：8.25　　字数：238 千字
2015 年 5 月第 1 版　　2015 年 5 月第 1 次印刷
印数：0 001~8 000 册　　定价：38.00 元

一日，仿佛先生到一座名刹求道，路过一座险峰时，路边一位老者给他让路。仿佛先生到了面前，也驻足，行礼表示让老者先走。

老者突然发话：“想走又不走。”

仿佛先生一怔，立即应道：“不想走，还在走。”

老者也一愣，问：“你从哪条道上来？”

“我从本来那条道上来。”

“何谓本来？”

“您明明知道还问我？”

老者笑了：“我不问我还问谁？”

仿佛先生赶忙施礼：“问谁都是问自己。”

老者回礼，说：“走吧。”

仿佛先生被收为徒。

Contents

目录

甲. 锵仔

乙. 阿锵

丙. 陈局

丁. 锵哥

甲

锵仔

1948—1964

2014 年 5 月陈永锵在番禺画室光脚画马。陈文 / 摄

1 开头，说什么都是说自己

采访陈永锵是从2013年4月23日开始，断断续续，边写边采访，记了两本笔记，录音有86节，短的五分钟，长的两个多小时。我到过他的家，去过他年轻时居住长达十年的故乡西樵山，还去了他在恩平的乡下画舍与在广州番禺的画室。

我本来就认识陈永锵，与他吃过几次饭，知道他喜欢喝酒、抽烟，吃完饭后即兴唱几首歌再走，如果还未尽兴，他会跳一段天鹅舞。不过，他自嘲自己是一只老烧鹅，跳得热情，但不一定好看。这些交往场合看到的东西，仅仅够写一篇小文章。要写一本书，我得深入他的内心世界，挖掘更多的生活素材。

知道他的画卖得很好，订单也多，不敢打扰他，就与他的小儿子陈志彦与助手陈年发保持联系，只要他稍微闲些，就立即前往采访。这样，他也可以坐下来休息休息。

开始，他嫌我问的小儿科，不够深刻，不审问，他期待的是与作家一场“不及物”的空灵艺术对话。

后来，我写了一个采访提纲，列了十八个问题，例如第一条：弗洛伊德说所有的文学艺术创作都是人的原欲受阻升华至精神领域的产物。尼采也说过，艺术在本质上是一种“醉”。他甚至说过这样的话：“艺术家按其本性来说恐怕难免是好色之徒。”弗洛伊德和尼采的话，在你的身上验证过吗？

等到约定采访时，他说纸条搞“不见”了，但他表示认同弗洛伊德和尼采的话。又开始按自己的思路滔滔不绝地说开了。

事实上，他顽强地生活在自己的世界里，想到哪里，说到哪里，外来的力量很难改变。说什么都是说自己。

当我听到精彩的部分，打断他的讲述时，他开始还很有礼貌地让着，熟悉之后，当我插话时，他就瞪大眼睛对我说：“逗号，停。”又滔滔不绝地说开了，他埋怨我的采访，已经打开了他的“闸门”，想停都停不下来。

他的记忆力非常好，儿时的一颦一笑、青春期的一草一木、壮年时的一人一事，他都记在心里，讲得清清楚楚，让人听起来如身临其境，为我的采访提供了非常翔实的原始资料。

陈永锵是大画家，大家都叫他“锵哥”，连小孩子也叫他“锵哥爷爷”。这份尊重不是谁都能得到的。我只是个小作家，怕写不出他应有的魅力。

再说，绘画与写作是两个不同的领域，画家有师傅，用色彩来表现世界。作家没有师傅，用心灵来认识世界。视觉与感觉的这个度，不好把握。

陈永锵为官多年，不知是否还说人话？我担心采访不到位，流于表面，自己反而弄得像个文化乞丐，为了找碗饭吃而写作。

好在我们都生相属鼠。老鼠有足够的聪明，在对方的“墙”上打出一个个“洞”，进入彼此的世界。我一直在挖掘这样一个“洞”，希望能进入他的内心世界，越深越好。

随着采访的深入，我对他的了解也越来越多。

写作前，我把自己关在老房子里，整整听了一个星期的采访录音，陈永锵与他的家人、朋友、同事的讲述，构成了故事的图谱，各种信息穿过66年的时光，汇集在我的脑海里，不断地发酵与组合，慢慢勾画出一个鲜活的陈永锵。

但我只要求写得真实。

1948 年出生的陈永锵，正在张开眼睛看世界。

知足常乐 戊子生 陈永锵

2 生于 1948 年，属鼠的人都有艺术天赋？

陈永锵出生于 1948 年 6 月 15 日，这是一个初夏大雨滂沱的日子，母亲李坤强生他是难产，三天三夜都生不出来，父亲陈志伟围着产房急得团团转，这是陈家的第一胎，万一有个三长两短，可怎么办？医院那边，有 25 名医护人员和实习医生围着急救。陈永锵就这样在风雨之中，千呼万唤之后生了出来，到了人世间。让父母焦急的是，这孩子生出来后，无声无息，大家都以为不行了。医生捣鼓了一阵之后，他“哇”的一声哭起来，不是一般婴儿的啼声，而是特别大声的鸣哭。一个女护士说：“原来是个大声公。”

外公是旧时的大律师，知道女儿生了个“一鸣惊人”的外孙，算八字，查字典，找到了一个“锵”。父女连心，母亲也查字典，找到一个象声词铿锵有力的“锵”字，代表大声，陈永锵便有了这个大名。

1953 年锵仔跟随父母住在广州市海珠区小港邮电新村。小时候，长得很可爱，眼睛大大的，黑黑透亮，左邻右舍都叫他“大眼仔”。

6 岁那年，母亲买了一张小孩票，送锵仔上火车，拜托给乘务员，让他一个人去韶关探望姨妈。人小，不懂得怕，有火车坐，高兴得不得了。一个人高高兴兴就到了韶关。到了车站，他把母亲事先写好的信从口袋里拿出来，放进邮筒，自报平安。

姨妈在学校里教书，还未上学的锵仔，就在校园里乱转，蹦蹦跳跳。天天看着老师出墙报，画毛主席像。“大眼仔”一站就是几个小时，也不觉得累，眼睛紧紧地盯着毛主席画像与老师手上的画笔，觉得太神奇了。

锵仔还有一个大伯父在韶关开文具店，蜡笔、纸、颜料什么都齐全。锵仔常到伯父的店里来玩。想起看到老师画毛主席像，他也向大伯父要了白纸和蜡笔来画画。胡乱画满了就再向大伯父要。大伯父得意地说：“我们家锵仔将来要吃画画这碗饭了。”

一发不可收。回到广州后，受到表扬的锵仔到处乱涂，墙上、纸上乱画一通。有一次找不到纸，就用母亲的卫生草纸来画。

母亲说：“锵仔这傻孩子很易哄，给他纸和彩色笔，就能乖乖地安静画半天，不吵不闹。”

上小学后，锵仔画画热情依旧。别的孩子走路，蹦蹦跳跳，他却低着头，眼睛左顾右盼。特别是上学或放学路过印刷厂门口时，更是瞪大眼睛，凡有旧报纸和旧杂志，哪怕是一张半张，他拾回来，把有图片的部分用剪刀剪下来，作画册，然后照葫芦画瓢。

古人云：“三岁看大，七岁看老。”真的还是有些道理。

采访中，锵哥反复地强调，他是属鼠的人，他列举了生相属鼠的艺术大家：外国的有莎士比亚、莫扎特等，中国的有居廉、启功、黄永玉、关山月等。

我问他：“为什么属鼠的人会有艺术天赋？”

我也是属鼠的人，很想了解是否有科学根据。

但我想，老鼠在十二生肖中排名第一，肯定不是老鼠抓阄得来的。在我家里，曾经藏着几只老鼠，搞得厨房乱七八糟。实在忍不下去，我买回了一个捕鼠器，放一块鸡肉进去。第二天晚上，我回来后，发现捕到了一只老鼠。因为是晚上，我还未想好怎么处置它，是烧死？淹死？还是提到室外放生？因为我是属鼠的，有些纠结，决定第二天再想办法处置。但还是忍不住提起笼子，想看一看胜利的果实。当我提起笼子那一瞬间，老鼠从笼底下跑掉了。事后检查笼子，发现底部一个焊点被老鼠咬松了，老鼠非常准确地从那个口子里跑了。

但从此以后，老鼠也全部从我家里撤退。

不过，这是题外之话。相信每一个生肖，都会出大艺术家。

“其实，我也不知道。”锵哥说，“我不是过街老鼠，人人喊打，我是墙角鼠，刺一声，人还没有反应过来，我就过去了，别人打不着。”

但锵仔的父亲陈志伟却没有儿子的命好。1957年，父亲遭遇飞来横祸，被抓去坐牢。锵仔当时曾经到仓边路广州市中级人民法院门口公告栏看过父亲的判决书，56年之后，他还能背出来，可见这件事对他的伤害有多大。

事情是这样的，陈志伟是邮电部门的电器工程师，20世纪50年代后期，帮助广州铁路局抢修一批调度电话，收到了劳务费，总共168元，而且是请示过单位领导同意后才拿的，但到了1957年，在“反横财、反地下工厂”的运动中，被上纲上线，判刑三年。

从此，9岁的锵仔，经常到广州黄华路的监狱给父亲送东西。那时，他个子不高，只有蹬高脚掌，才能把犯人家属探监登记表与东西放上窗口。来的次数多了，监狱长见到锵仔还时不时怜爱地摸摸他的头：“又来看你爸了。”

在监狱里父亲还惦念着儿子的画画，用边角废料焊了一个调色盘，送给儿子，但锵仔不敢要，大眼睛瞪着在场的警察，直到警察说：“我们同意你爸做的。”才放心地拿回家。

父亲陈志伟坐牢后，锵仔单纯而又快乐的日子戛然而止。

1961 年陈志伟在北京。

3 不幸成为劳改犯的儿子

父亲坐牢后，家里的主要经济来源突然断了，母亲从一个经营部主任，贬到了郊区一间肉食店里当出纳员，家庭生活压力很大。在家里操劳多年的保姆二姑不得不出去打工，补贴家用。有时二姑没钱买菜了，就到菜市场拾些菠菜头回家，煮给大家吃。

二姑一生没有结过婚，年轻时到过南洋，回广州后在几个大户人家当过保姆，见过了人间的辛酸。小妹陈丽出生后，她老人家就到陈家当保姆，从此再也没有离开过。

母亲李坤强在孩子的面前，从不埋怨和流泪，不给孩子们带来任何负面情绪。只有在夜里，孩子们睡熟之后，一个人坐在床前悄悄流泪。

锵仔记得有一次，夜里母亲一个人悄悄走到了珠江边，他就悄悄地跟着，怕母亲跳江自杀。前一阵子，母亲单位就有一位大伯，被批斗疯了，还未到60岁，就上吊死了。

尽管小小年纪的锵仔还不明白死亡的真正含义，但失去父亲呵护的滋味，已经体会得非常透彻。

母亲站在江边，任由夜风吹乱她的头发和泪水。锵仔怕真的失去母亲，就跑上去拉住母亲的手。母亲发现儿子之后，紧紧地抱着他，嘴里喃喃地说：“夜了，冷啊，回家吧。”

从此，每到夜里，他都等母亲睡着了，发出轻微的鼾声，才放心睡。

母亲在瑶头的肉食店上班，负责肉店的收款。每次下班回家，要给弟妹们做饭，就叫锵仔代自己去银行存公款。当天卖的猪肉款，就放在锵仔上衣的小口袋里。锵仔用手捂着小口袋里的钱，一路小跑，到银行存。在很长的一段时间里，锵仔一直是母亲的“地下存款员”。但他没有一点杂念，也没有看过，他所带的钱，每一次是多少。银行的阿姨也喜欢这个可爱的乖仔，都会认真地为他办理好所有手续。

这个时候，锵仔已经上学，知道钱是个好东西，可以买糖果与饼干吃。有一天早晨，上学路上，他排队买早餐，发现前面一个小男孩趁摊主不注意，随手就偷了一个包子。锵仔想冲上去，抓住他，但想起自己挨饿的滋味，也有过想偷吃一个包子的念头，只是自己不敢。这样想着，他没有冲上去，也没有告发那孩子。自己买完早点，默默地离开了。

这个故事在我长达一年多的采访中，陈永锵至少重复过三次。他虽然没有直接说人在饥饿时，内心都有“生”的欲望，这个“生”可能就是“贼”心。他只是说：“贼心我也有过。”

读小学六年级时，母亲检查他的书包，发现有两元多的零钱，立即变脸审问：“钱从哪儿来？”一副不说就揍的口气。

母亲忙于工作，并不知道她的儿子已经一个多月没有吃过早餐了。他把母亲每天给的五分钱攒了起来，想买一套《芥子园画谱》，这套书定价三元，但还差几毛钱。母亲知道真相后，流出了两行长长的眼泪，还把不够的钱补齐，让儿子买回了这本画谱。但这本深藏着母爱的书，“文革”中被红卫兵视作“封资修”的书抄走了。

事实上，母亲李坤强非常注意培养自己的长子。丈夫坐牢后，儿子在学校里被同学嘲笑作“劳改犯的仔”。她担心别人看不起，伤了儿子的自尊心，就让儿子为单位存钱，虽然不合国家的财务规定，但母亲的爱胜过一切。

母亲也从儿子的爱里体会了温暖。记得有一天早上上班，锵仔背着书包跑了几公里的路，到瑶头肉店，大眼睛盯着妈妈。

原来，早上起床后，他发现妈的床底下有一堆用旧报纸包着的沾满血迹的草纸，很吓人！他还不谙女人的月事，以为母亲自杀了，就背着书包发狂地跑去找母亲。

母亲知道原委之后，对儿子说："我没事，快去上学，不要迟到，要争气。"

锵仔还是迟到了，被老师罚站，同学们在旁边嘲笑。

老师没有像母亲那样，问一个小学生为什么会迟到，他只是执行学校的规定。

李坤强不愧是大家闺秀，她给儿子的爱，是一种信任和博爱。任何一个孩子，有了这两样东西，都可以走出灿烂的人生路。

1964年初中毕业的陈永锵

4 非洲仔

尽管父亲坐过牢，家庭生活陷入困境，但少年时代的锵仔，除多了一点忧郁的眼神之外，还是天生聪慧，调皮可爱。

在回忆这段美好的少年时光时，锵哥越讲越兴奋，他悠然地抽着烟，讲得口干了，喝口茶，接着继续讲。

眼睛大大、头发卷卷、身体瘦瘦、皮肤黑黑，同学们给他起个绰号叫“非洲仔”。

这是少年陈永锵的全部形象。

最难忘的是到珠江戏水，在“河南”大基头波楼的岸边，画家麦汉兴经常游水，他可以浮在江面半天不动，孩子们都叫他“老水怪”。他每次来，都引起孩子们的巨大兴趣。火热的夏天，清澈的珠江水就是孩子们的天然空调，一有闲暇，孩子们就会跳进珠江里畅游。港监害怕孩子溺水，经常驾船来驱赶。但船一开走，孩子们又一个一个扑通扑通地跳下去，气得港监们没有办法。

一天，港监船又开来了，一群孩子全部被拉上船，然后开到了对岸的沙面教训一顿后“放生”。这回，孩子们个个都傻眼了，江水把身子浸得发白，个个穿着裤衩，从河的北岸，走了一个多小时，绕个大圈，才从海珠桥回到大基头。后来，被港监抓多了，孩子们也变得聪明起来，在裤衩里夹着三分钱，一旦被港监抓上船拉到沙面，他们就坐渡船回来。

珠江边长大的孩子，冰雪聪明，他们与港监斗智斗勇，就是不愿离开珠江的水。

在学校里，班主任梁耀文老师，怕他们老在珠江玩水会出事，就对他们严加管教，每抓一次，就罚背课文。他们不服气，捉弄老师。有一天，他们筹了5分钱打传呼电话，冒充老师的女朋友，约梁老师下午三点钟到“河南”电影院看电影。

梁老师上课时，已经接到了电话传呼单，便对大家说：“同学们，这堂课你们就好好自习吧，老师有事。”

知道老师“中计了”， 同学们互相挤眼，很得意。

50年之后，同学们请梁耀文老师到海陵岛旅行，在车上说起这件事，梁老师说：“与你们这帮调皮的孩子在一起时，是我人生最快活的时光。”

还有教美术的苏老师，他是被临时拉来教美术的，根本不太会画画，每节课都是摆点简单的静物让大家画，好些同学就找锵仔代画，被帮的同学经常得5分，但锵仔常得3分。50年之后，同学们问：“苏老师，你当时是不是故意的？”苏老师没有正面回答，而是得意地说：“所以嘛，你们个个都当不了画家，还是永锵当了大画家。”

20世纪五六十年代，广州的物质生活还很贫乏，烧火做饭用的木柴与煤球非常紧张。少年时的锵仔，除了拾柴火，还经常到长堤、滨江和大华铅笔厂门前剥树皮。大华铅笔厂的木材都是船运到码头的，搬运工抬下船后，大家都抢着剥树皮。铅笔厂用不着树皮，就睁一只眼，闭一只眼，让大家来剥，这样还省了工钱，但有两个警察嫌孩子们堵塞交通，经常来驱赶，一个警察瘦，一个警察肥，剥树皮的孩子就给他们起了个花名——瘦的叫丝瓜，肥的叫矮瓜来逗乐。

一见到“丝瓜”与“矮瓜”，孩子们就一溜烟跑开了，上演了一幕警察与“小偷”的故事。

山村暮色　壬辰年　陈永锵

本来很艰辛的生活，现在却变成了美好的回忆。

锵哥还记着，他到芳村花地写生，嘴馋偷吃过果农的杨桃，还不是摘下来吃，而是看哪只杨桃靓，就用手擦一擦，咬一口，再找第二只，如此反复下去，直到有一次被果农抓住了，要他们写生的孩子排着队，张开嘴，检查看谁的牙缝里藏着杨桃渣，做这种“鸟”才做的缺德事。

好与坏，都随着时间流逝而过去。狂野的少年，慢慢在岁月的历练中成熟，而挥之不去的经历，早已成为生命中温暖的记忆。

20 世纪 70 年代陈永锵与梁占峰。

5 梁占峰，飞过的鸟是什么颜色？

1961 年，13 岁的陈永锵到了一间由广州工商联办的广联中学读书，这间学校现在改名为广州市第九十八中学。

有一天，上学路上，他拾到了一团纸，打开一看，是广东画家通讯录的某一页。其中有梁占峰老师的地址，离他住的海珠区同福东路很近。之后，每次路过梁占峰老师的家门口，他都站在那儿看一会儿，但不敢轻易进去。

梁占峰生于 1924 年 4 月，原名梁伟鸿，广东肇庆人。1946 年后从事中学美术教育工作。1960 年任广州搪瓷厂美术设计，广东画院专职画家。作品《热带鱼》入选第二届全国美展后赴苏联展出；《英雄树》入选 1956 年第二届全国国画展；《白梅》入选第五届全国美展。

已经“劳动改造”归来的父亲，觉得自己这几年欠了家人好多，没有尽到一个父亲的责任，知道儿子喜欢梁老师的画，就通过一个熟人引荐，带着儿子到梁老师家登门拜师。

第一次见面时，梁老师要考他的绘画能力，画一条金鱼。陈永锵家里正好有一个茶壶上有金鱼图案，他已经在家里临摹过好多次。听梁老师说要他画一条金鱼，心中一喜，三两笔就画了出来，梁老师见状，夸他灵，当即同意收他为弟子。

第二天，梁老师就赶到陈永锵的家里，手里拿着一个红包，对陈志伟说："我收锵仔为徒，是因为他聪明，学费就免了。如果这钱不收回去，那么锵仔就不要来了。"

说完，放下红包走了。

原来，昨天拜师见面成功后，陈志伟临走时在梁占峰老师的画桌上偷偷留下了一个小红包。

锵哥现在回忆起这件事，感慨万分："梁老师是一个有情怀的人，他不但教我画画，还送我很多画册，重要的是他教我如何诚实做人。"

有了老师指导，锵仔学画的热情更加高涨，每天上午放学后，就到梁老师的家里看老师画画，然后自己学着画。有时他拿着毛笔，老师就从背后抽走，看他执笔稳不稳。梁老师习惯中午睡个小觉，睡前会拿些他珍藏的书让锵仔看，等到钟时叫老师起床。

每到周末，锵仔还跟着梁老师到公园或郊外写生。

有一次，一只鸟从他们的头上飞过，梁老师就问他："鸟是什么颜色的？"答对了，梁老师很高兴，夸他色感强，能够捕捉景物瞬间的变化。

梁老师经常请他看电影。夏天，看电影前，在路边喝五分钱一碗的王老吉凉茶。冬天，看完电影后，到小店吃五角钱一盅的兔肉汤。这样的情景，用现在的话来说，幸福死了。

这个 14 岁的男孩，非常认真地跟老师学画，还细心观察老师的一举一动，看老师怎么调色、怎样落笔。他发现梁老师画木棉花，光红色就调四五种。他还发现梁老师翻看画册，非常小心，先用左指头把纸翻松，再轻轻地把页面翻开，看画册没有一点声响。有些画册已经看了好几年，还像新的一样。

这对师徒关系亲密无间，师母也非常喜欢他，还想等他长大后，把他招为女婿。

梁老师热衷于研究日本明治维新时期的日本画。他嘱咐锵仔："要经常到文德路的旧书店看看，一有这类画册就全买回来，钱向三婆要。"三婆是梁占峰老师的妈妈。

有时书买重复了，梁老师就送给锵仔。

记得第一次到书店为梁占峰老师侦察图书情报时，发现了一批日本画册，好几块钱一本。

他对销售员说："能不能全留给我，明天我再拿钱来买。"

"后生仔，讲话要算数啊，如果我留下，你不来买怎么办？"售货员半信半疑。

最后，锵仔说是帮梁占峰老师买的，售货员愉快地答应了。

梁占峰老师爱书，每次来书店买书，他小心翼翼的翻书法，已经给书店的所有员工都留下了深刻的印象，知道他是个爱书如命的人。

在贫穷的岁月里，锵仔家没有那么多钱为他买书，好多书都是周末到书店去看的，他也学会同梁老师一样，小心地翻书，售货员都认得他了，即使他在书店里看一天的书，一本也不买，也没有人再赶他走。

不过，跟梁老师学画，进步很快，锵仔飘飘然起来。

1964年报考广州美术学院附中时，他自我感觉是十拿九稳的。每场考试，他都争取第一个交卷。验色谱时，老师指着红色问他："什么色？"他故意卖弄知识，答"朱砂"。老师指着蓝色，他说"花青"，老师拿出绿色，他脱口而出："石绿。"老师看出这孩子的卖弄，轻轻笑了。

结果可想而知，当然，更深的原因，可能是父亲的劳改问题。

真正的艺术大家，不能有傲气，但一定要有傲骨。16岁的锵仔，那个年纪，真的还分不清楚什么是傲气，什么是傲骨。

梁占峰老师下放到五华县之后，又把陈永锵介绍给黎葛民，希望带出他的爱徒。可惜，跟老师学画时的画作和写生稿，在"文革"时的三次抄家中，被撕毁、吐痰、踩踏之后，用来生火煮饭，足足烧了两个星期。他还心里傻傻地想：这些被称作"封资修"的东西，就让它们消失吧。

文化生态对人们观念的影响多么可怕。

乙

阿锵

1964—1981

20 世纪 60 年代的广州文化公园。

6 在文化公园寻找自己

考不上美院附中，又因家穷，只好辍学谋生，锵仔告别了校园。

父亲的一个老友带陈永锵去当走四方的高压线架线工。第一天上班，陈永锵高高兴兴地去了，如同去野外写生，还背着一个画夹。队长一看，就泼了一头冷水："你是来干活的，不是来画画的。"

第一天上班，陈永锵被安排给工人做饭。小时候在家里煲过饭，但在野外，给那么多人煲饭，还要负责买菜、拾柴、架锅，他没有经验。好不容易把饭煲好了，开饭时，队长刚吃一口，便"扑"一声，把饭砸在地上，还骂了一句："干得这样辛苦，还吃你的夹生饭。"

这个曾自负的在考场上趾高气扬的少年，在工人阶级的面前却一无是处，因为煲了一锅夹生饭，他感到对不起师傅们，内疚地哭了。

在架线队里，工人的耐劳、率直性格深刻地感染了他，也影响了他的人格。

当然，广州文化公园更符合他的气质，这里经常有画展与各种文艺活动，没事他喜欢到这里走一走，看一看。

广州文化公园成立于 1956 年，前身为 1951 年 10 月 14 日建成开幕的华南土特产展览交流大会场所。

1952 年 2 月 24 日交流大会闭幕，市政府决定利用原来的设施和人力，改组为一个长期性、有地方博物馆性质的文化活动场所，同年3月8日改名为“岭南文物宫”。

“文革”初期，文化公园内要搞好些“批刘”“批陶”的展览，聚集了许多参与其事的画家和雕塑家。陈永锵很向往这个地方。已经在宝岗街的街办小工厂做电工的他，为了争取到文化公园参与搞展览接触艺术家的机会，常常要求调班上中班或深夜班，以便将白天腾出来，跑文化公园。

广州有名的雕塑家胡博、唐大禧经常在文化公园创作大型雕塑。陈永锵与几位喜欢画画的少年黄穗中等经常跟着做“小尾巴”。胡博是毕业于杭州美术学院的优秀雕塑家，与刘文西是同学。大学毕业时，得到不少刘文西在校时的速写习作。他就用刘文西的速写，来奖励这些速写画得好的少年。胡博是广东新会人，1935年生于杭州。父母均毕业于燕京大学，父亲曾任上海博物馆第一任馆长，是我国著名的考古学家。也许是因为家学渊源，胡博先生给人的印象总是沉静而淡然，是一位勤于思考又善于思考的雕塑家。

胡博看谁画得好，就奖励一张。陈永锵得过三张，至今还珍藏在家里。现在他与刘文西已是20多年的忘年交，说起当年的事，还洋洋得意。

胡博忙时，就叫这些少年帮忙。陈永锵清楚地记得，他帮胡博倒过颜料、和过泥、洗过装颜料的玻璃瓶子。人手不够时，他还要去“捉人”，看谁在文化公园偷花，就“捉”来帮自己的忙。

一个“偷”，一个“捉”，都玩得很开心。

更美的奇遇是陈永锵在文化公园写生时候，一个女孩经常带着妹妹来看他画画，连续几天都是“偶遇”。相遇次数多了，女孩告诉阿锵，她也喜欢画画，但已经下乡到从化了，是个知青，大阿锵一岁，分手时彼此都留下了通讯地址。

回家时，阿锵把奇遇告诉了母亲。母亲说：“可能人家喜欢你了。”

年轻的阿锵精力旺盛，上完夜班还可以到文化公园画一整天，接着又上夜班。

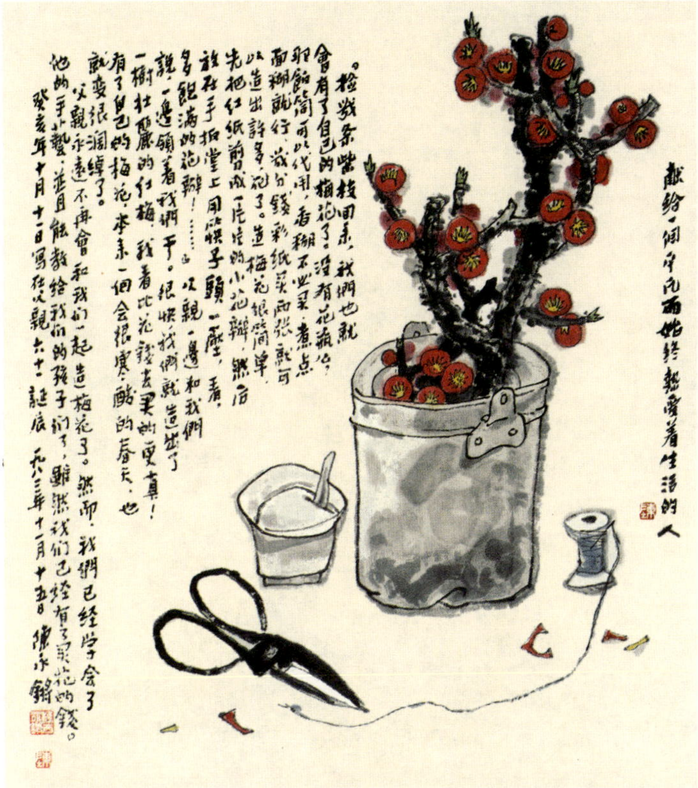

献给一个平凡而始终热爱着生活的人 1983年 陈永锵

文化的魅力是强大的，它把腐朽变成了神奇。刚刚还是一堆烂泥，经过胡博和唐大禧的手后，很快成为一座生动的雕塑艺术作品，看得陈永锵由衷地敬佩。

在文化公园的日子里，陈永锵得到了胡博老师的指导，认识了许多当时有名的画家如刘保东、林墉、苏华、伍启中、方唐、叶家斌、蔡修齐等，目睹了他们的创作风采，使他掌握了油画、水粉画、素描、速写乃至于雕塑的许多基本常识与技巧。尽管置身“乱世”，他的生活依然很充实。

也是在这段日子里，他知道自己这辈子想做什么了。

但这样惬意而幸福的日子，就这样结束了，随着“文化大革命”的越演越烈，祸事再次殃及父亲陈志伟，因为他是劳改释放犯，“反动技术权威”，按照当时的政策，必须疏散出城市，下放农村。

一家人的命运，摆在了十字路口。

1970 年陈永锵参加生产队劳动掏粪。

7 回到西樵山，画过遗像谋生

摆在陈家人的面前是一道选择题：一、父亲陈志伟一个人可以选择下放到韶关和平县或者海南岛任何一个地方，家人可以留在广州；二、一家人回到陈志伟的原籍南海县西樵公社路边陈村。

明摆着要拆散一家。

弟弟陈永华一年前已经上山下乡到了番禺，两个妹妹还是广州市五中的初中生。父亲陈志伟再走，家就四分五裂了。父亲不想拖累家人，让他一个人去受罪。但母亲不同意，要走就一家人走，哪里都行。父亲的故乡在西樵山，珠江三角洲地区，桑基鱼塘、菜基鱼塘、蔗基鱼塘，土地肥沃、水系发达，只要一家人勤奋劳动，一定饿不死。一家人商量了一夜，决定一起回故乡。

故乡西樵的乡亲知道了这个消息，便派几位上年纪的乡亲专程到广州，劝陈志伟申请回自己的原籍，自家人在一起好彼此有个照应。

临走的那一晚，全家人收拾完行李后，小妹妹陈健与陈丽，抱着哥哥哭了，她们再也没有书读，陈永锵也要放弃工作。

1968年年底，一家人又坐船又步行，千辛万苦，回到了故乡西樵路边陈村。

西樵山位于广东省佛山市南海区的西南部，海拔346米，是一座古火山。西樵山是新石器时代珠江三角洲主要采石场和石器制作场，山势蜿蜒、钟灵毓秀，奇石异洞散落其间，名胜古迹举目皆是，自古便有“南粤名山数二樵”之誉。西樵山历史文化底蕴十分深厚，被称为“珠江文明的灯塔”，已有6000多年文明史，古西樵山人创造了灿烂的“双肩石器”文明；明清期间大批文人学子隐居于此，故又有“南粤理学名山”的雅号；西樵山也是“南拳文化”的发源地，一代宗师黄飞鸿就出生于西樵山附近村落。

举家回到故乡，陈永锵爷爷陈寿龄祖上留下的老屋早已成了废墟。令人惊喜的是，一位陈永锵称之为琴姑的主动表示，她正住着的是陈永锵爷爷当年为家乡的水利投资筑堤而建的议事小屋，她毅然搬出让陈志伟一家居住。

家就这样草草地安顿下来。

一家人在陌生却温暖的故乡开始了同样是陌生的农耕生活。陈永锵也在第一次割禾的劳动中，差点割断了左手的小指头，鲜血染红了手掌。是乡间的一位嫂子用田野上的百花蟛蜞草为他止了血。

次年，陈永锵领着两个妹妹捡砖头，到江上捞河沙。全家又在祖居的半截子遗址上，盖起了一座简陋的小房。

1970年的春天将到。以前在广州，每逢迎春，家里都会摆桃花图个喜庆，但在村居的日子里，陈志伟的家没有买花的钱。热爱生活的父亲，便让子女在田野上捡些枯枝回来，再教大家用粉红色的皱纹卫生纸剪成花瓣状，然后用糨糊、针线弄出一树大桃花。

陈志伟对子女们说，这是“假”的，但是这是我们自己用“爱”创造出来的春天，所以更珍贵！一直以来，陈永锵都刻骨铭心地记得“父亲教我造春天”！

情况好了一些之后，陈志伟在屋前屋后，种满了姜花，清香四溢。

在艰苦的日子里，穷苦人总会自然而然地“惺惺相惜”，互相帮助。有一位曾在“反右”时吃过大苦的“老右派”见到贫苦的陈永锵，怜惜地说：“我爱莫能助，但我当年最苦的时候，因为会画炭相，而给我带来了生机。你能画画，有好基础，会很容易上手的。我将我用过的工具全送给你，祝你好运。”

陈永锵专程骑了三个小时的自行车到广州大新路了解画炭相的价钱，广州是每张四元五角。他决定在西樵收二元五角。一切在暗地里准备好了，打算农活干完就利用中午时间骑车跑乡村揽生意。当他自以为是，得意地演习给父母、妻子和妹妹们看的时候，父亲非常心疼，竟气得吐出了鲜血，被送到医院抢救。父亲艰难地说：“是我对不起你，要你去画死人相来养家吗？我只希望你做一个画家，而不是干这些。”

这个一生都没有向生活低头的人，觉得儿子把他的面子丢尽了。

父亲反对儿子画死人遗像，母亲迫于生活的压力，暗中支持儿子：“不要让你父亲知道，离家远些，偷偷画。”妻子也表示支持。就这样，农闲时陈永锵背着画箱，像挑货郎一样走巷串户，还到船码头，边走边喊：“画像啰，画像啰，谁要画像。”

接了“生意”后，他便偷偷在夜里，等父亲熟睡后，拉上窗帘，点上煤油灯，画起炭相，以帮补家用。

没有人想到，一个喜欢艺术的人，用这种办法讨生活，仅仅是为了活下去，活出人样。

冬去春来，土地总能养活人。日子慢慢正常之后，陈志伟用半导零件组装出一台带功放的收音机，也是路边陈村音质最好的一台收音机。每天都收听中央人民广播电台的节目，“文化大革命”流行的歌曲，通过这部收音机，传遍了全村。

邻近村有几位到镇里上学、每天路过路边陈村的学生，觉得这部收音机的声音非常好听，就打听是谁家的。当他们知道是一户从广州下放回乡的人家自己组装的时，佩服得五体投地。当他们得知这户人家的儿子画画非常好，画谁像谁时，纷纷前来观看，边看边赞叹：“大城市回来的人就是不一样。”

开始有人托亲戚朋友或熟人，造访陈家，有的干脆送孩子来跟阿锵学画。没有多久，一家人就融进了农村这个广阔的天地。

每天晚上，来听广播的、来学画的，一时陈家热闹非凡，门庭若市。

1970.3.22

1970年3月陈永锵与邓翠娟结婚时照的全家福。尽管贫穷，笑容依然灿烂。

映山红 甲申年 陈永锵

8 爬上悬崖，为采一束鲜红的杜鹃花

生活中与当地老百姓的融入并不等于政治上的融入。在政治上，阿锵还是受到歧视。举个例子，阿锵当时在公社机械厂上班，要经过樵北大闸，这是一个非常重要的水利工程，有一个叫罗博的退伍军人负责把守，警惕性非常高，贫下中农可以经过，但“地富反坏右分子”就不能通过，不准阿锵通过，就证明阿锵是与“地富反坏右分子”一样的坏人。

年轻的阿锵，已经知道“短檐底下要低头”，有时干脆脱光衣服，举在头顶，游到对岸上班。如果是冬天，得拐一个弯，多走八里的路。

阿锵并不生罗博的气，知道并不是罗博为难他，可能是上头有命令。他知道罗博喜欢抽烟，有时没有别人在场时，阿锵请罗博抽一支烟，罗博就睁一只眼，闭一只眼，让阿锵偷偷通过。这种化解矛盾的方法，阿锵在后来多次使用，一些敌视他的人，也慢慢变成了朋友。

1970 年春节过后，一位在广州街道工厂工作时认识的姑娘邓翠娟，从她下放的增城，来到了西樵，执意嫁给了阿锵。

邓翠娟端庄稳重，心地善良，而且喜欢粤剧，给阿锵的情书中，还写了很多粤曲中的歌词，让阿锵很佩服。更让阿锵感动的是“文革”中因父亲的问题

抄了三次家，自己也受到厂里的审查，阿娟还是选择站在阿锵一边。

按照乡下婚礼的惯例，大清早，阿锵划着一条“草艇”到圩上的码头了，把从广州乘船夜航来的新娘接过来，回到家里拜天地。拜完天地后，他带着阿娟到西樵山亲近大自然去了。

他没有钱带阿娟到商店。

三月春风好阳光，这天，西樵山的杜鹃花开得正灿烂。为了表现出男子汉的勇敢，阿锵徒手爬上了悬崖，手被划破了，还不停止，冒险采下了一束鲜红的山杜鹃，与手中的鲜血一起，高高地举在头顶，送给了新婚妻子，他认为妻子就像山花一样朴实与顽强。

这个简单的婚礼，一束亲手摘的杜鹃花，见证了他们的爱情。

除了杜鹃花，应该还有两棵苦楝树。这两棵苦楝树长在邓翠娟广州的家里已经有几十年。女儿要结婚了，父亲把这两棵树作为陪嫁，让阿锵用拖拉机从广州运回西樵，这两棵树在阿锵的手里“变”成了婚床。

别人都说，结婚的床不能由自己做，否则不吉利。但阿锵偏偏不信邪。家里拿不出买床的钱，自己动手做很自然。

阿娟义无反顾地要嫁给阿锵，是她发现阿锵与别的男子不一样，阿锵除抽烟之外，基本不食人间烟火。他喜欢画画，到哪里都带着速写本，一有空就画。他喜欢写诗，看到月亮、路过小河，都会诗兴大发，每天都写一两首。喜欢粤曲的阿娟，少女情怀总是春，总是把自己与阿锵的结合想象成粤剧中的才子佳人。不过，与这个才子谈恋爱时，骑单车总是阿娟带着他，因为才子骑单车时喜欢东张西望，寻找美的瞬间，不是碰倒别人，就是自己跌倒。

这一嫁，她陪阿锵在西樵山的农村度过了15年。

1970 年与妻子邓翠娟。

怀大儿子陈志宏时，阿娟所在的村办麻厂起火，大部分人都跑了出来，只有阿娟与另一位女工在救火。阿锵闻讯赶到火灾现场，找不到妻子，就从窗子跳入现场，不过妻子与女工已把火扑灭了。

好久之后，阿娟每一次想起丈夫破窗而入的英雄气概，都倍感自豪。

1969 年陈永锵与家人在广东南海县西樵山公社路边陈村建的放怀楼，至今还在村子里。陈文 / 摄于 2013 年。

9 建一座放怀楼，让艺术梦想落地

“放怀楼”是西樵镇路边陈村一间十来平方米的阁楼，砖瓦结构。怎么看，也想象不出它是楼的样子。我甚至在这条村里转了好多圈，才找到它。

但这间被称为“放怀楼”的小阁楼，却是当初西樵山公社文艺青年心中的胜地。

放怀楼是陈永锵的恩师黎葛民根据苏东坡“放怀自得”的词意起的名，黎葛民期望他的弟子陈永锵以苏东坡为榜样，像他那样，做人处事与从艺。

黎葛民生于1882年，原名黎庆瀛，字葛民，笔名逸斋、乙翁，广东省顺德县人。1919年毕业于日本东京川端绘画专科学校。1920年在广州与陈树人、何香凝等组织“清游会”。曾任中南美术学院、广州市立艺术专科学校及华南人民文艺学院教授。20世纪50年代入南方大学学习，后被聘为广州文史研究馆馆员，兼任广州美术学院教授。1978年去世。

1970年的时候，陈永锵还经常骑三个半小时的单车，从西樵山到广州，跟黎葛民老师学画。阁楼建好之后，陈永锵想请老师题个斋名。黎葛民说：“苏东坡说，且夫天地之间，物各有主，惟江上之清风与山间之明月……取之不尽，用之不竭。这才是你真正能拥有的，只要放怀，便可自得！你什么都不可以贪，要贪就只有江上清风与山间明月！你的画室就叫放怀楼吧。”说完，黎葛民老师已经铺开了纸并从容地用篆书写下了“放怀楼”并署名用印，赐给了陈永锵。

建放怀楼时，陈永锵去买石头，一小艇算一吨，为了多放几块石头，小艇差点压沉在河里，他只好跳进河里，用肩膀顶着小艇，慢慢护着走。他与阿娟去买石灰，装船时，两人扛着一大箩筐，妻子怀着身孕，陈永锵就主动把箩筐拉到自己这边多些，阿娟觉得自己力气大些，又把箩筐拉到自己那边多些，争来争去时，一大箩筐的石灰掉进了河里，石灰接触了水，马上反应，冒起烟，啪啪嚓嚓响个不停。

阿娟说：“算了，不要了。”

“什么，这是钱来的！”陈永锵大吼了一声，双手一下子把一大箩筐的石灰从水中提起来，也不知道这次他哪来那么大的力气。

陈永锵要建房子，画友们纷纷来帮手，仅用了十来天的工夫，用的是边角废料，大家一起亲手盖起来这间阁楼。

放怀楼建成后，既是陈永锵读书作画的地方，也是他父亲每晚必到的地方，他喜欢静静地坐在那儿，看着儿子画画。有时他上楼来，看见儿子在看书，就默默地下楼去，也不做声。陈永锵还为放怀楼门口撰写了一副对联：“放歌天地，怀抱古今。”作为他对自己的期许。

放怀楼更是乡间朋友乐于聚集的地方。画完画了，吟完诗了，吹完水了，肚子饿了，还得填饱肚子。这些学画画的农村青年，晚上就带着自己的老师到水田里抓田鸡。这时角色转换了，师傅变成了学生。阿锵老师提着一个布袋子，哪个学生抓到田鸡，他就跑过来装到袋子里。站在田埂上的阿锵，看见自己的学生捉田鸡那么好玩，拨开浮莲，电灯一照，就能抓到一两只。阿锵憋不住了，也卷起裤脚，跳下田里抓田鸡……

当年曾在亚运会上夺得金牌的“蛙泳王”罗兆应，现在是国家游泳队教练，就是放怀楼里的常客，也是与陈永锵捉水蛇与青蛙的拍档。

煲田鸡粥是阿娟的活。喝饱田鸡粥之后，阿锵负责收拾碗筷和抹桌子。抹着抹着，他就把毛巾裹在头上，唱起了《白毛女》喜儿的歌。时而喜洋洋、时

1973 年陈永锵在西樵山河边冲凉洗衣服。

而悲切切，逗得学生们乐翻了天。

只有阿娟知道，她的丈夫是一位落难才子，正在苦中作乐，等待时机。

1973 年的春节，在放怀楼学画的文艺青年，一个提条鱼、一个提刀肉，一个提瓶酒、一个提把菜，他们在一起度过了一个丰盛的新年。饭饱酒足之后，阿锵就一人画一张画送给他们，作为新年的礼物。

离开后，张日苏把老师送的画夹在了单车的后座，带着聚会后的余兴飞快地骑着单车回家。当他回到家里拿出老师的画给家人分享时，发现画被风吹走了。他又折回头，摸黑一路寻找。

张日苏清楚地记得，那是一张玫瑰花画。让他伤心了好几天。

也许，这是阿锵通过张日苏的手，送给 1973 年春天的礼物。不管画被风吹到哪儿，被谁拾到，或者已经化作了春泥，1973 年给春天的玫瑰花，已经送了出去。

20 世纪 70 年代初陈永锵与西樵山跟他学画的学生一起。

1975年陈永锵、邓翠娟与小儿子。

当年大队用陈永锵交换的厕所就建在南海丝厂对面。
至今这间厕所还在，但重建了。陈文 / 摄于 2013 年。

10 换厕所

用一个技术青年的使用权，交换一座厕所的掏粪权，这样荒唐的事，只能发生在中国，发生在“文化大革命”这样特殊的时期。事实上，人在贫穷时，拥有厕所就拥有了肥料，就能种出庄稼，不会饿死。陈永锵说：“钱财如粪土，粪土即钱财。”细细想起来，又很正常。

千百年来，中国农民有自己特定的思维方式。

陈永锵回到乡下三年之后，他的电工技术被机械所重视，也为生产队每天赚回四元的务工费，他也慢慢被贫下中农所接受和喜爱。

公社为了增强机械厂的技术力量，想将陈永锵调到厂里当电工，在与生产队商量的过程中，生产队为了自身的利益提出了要把公社最大的那间厕所的掏粪权，交换给生产队，才放陈永锵走。

公社不同意，提出换另一间稍小的，但生产队也不同意。谈来谈去，最后没有达成协议。就这样，陈永锵本可以做电工的命运又改变了。

1971 年，公社要搞阶级斗争教育展览，需要绘画人才，找来找去都找不到，最后找到了陈永锵。公社的团委书记何延源说：“陈永锵是可以教育的子女，大胆用他，不要怕。”正是这句话，陈永锵被抽到了公社搞展览。

意识到改变命运的时候到了。陈永锵铆足了劲，夜以继日地画，40 多天就画了100多张村史连环图，做了27个泥雕。加上他是电工，展览配上了灯光，空前轰动。南海县周边的农民，都来西樵公社参观学习。当时南海县的领导梁广大，就是这个时期认识陈永锵的，后来他们的生活有所交集，就是这个时期打下的基础。

陈永锵也在各方的争夺中脱颖而出。

40年之后，我到西樵山采访，大的那间厕所已经在社会的变迁中拆除，只有小的那间还在，不过，也改头换面，重新修建，只是地方还是那个地方。

站在西樵山车水马龙的大街上，已经看不到昔日的荒唐，匆匆忙忙的人们，在经营与购买着各种商品，好像历史不曾有过，也没有人能想到，我专程从广州来，仅仅是为了寻找一间早已荡然无存的厕所。倒是看到附近有一幅陈永锵20多年前写的“水是故乡甜”的书法作品，挺立在西樵河边，散发着浓浓的乡情，知道了陈永锵年轻时的命运与故乡的交集。

不过，陈永锵搞完展览后，还是到公社的机械厂上班，交换条件是公社为生产队批20吨钢材。

让人才换钢材，好像还过得去。

在公社的机械厂，陈永锵认识了技术员杨广明。杨广明酷爱读书，家里藏着好多中外名著。海明威、托尔斯泰、卢森堡、卢梭、泰戈尔、罗曼·罗兰等著名作家，就是这个时期，走进了青年陈永锵的世界。多年之后，陈永锵还说到，当时卢森堡的《狱中书简》对他影响最大。在这本书里，他悟到了人在困境时，要从身边的大自然中找到安慰与启迪。这与道家的“天人合一”异曲同工。

《红楼梦》也是在这个时期，点着煤灯，躲在蚊帐中读完的。

陈永锵曾经对我说：“我喜欢读书，不求甚解。看到自己受启发的文字就很兴奋。”他的这一阅读特性，使他从来不停留在一个地方，而是走一段路，看一种风景，始终保持着阅读的新鲜感。这种不断的积累，为日后的成功打下了雄厚的基础。

杨广明借书给陈永锵，是看完一本借一本，他从不让陈永锵把喜欢的书一次拿走，杨广明担心那么多书放在那里，反而不看了。

我曾经打电话采访过杨广明，他已退休多年，跟子女在广州槎头路那儿住。谈起20世纪70年代的事，杨广明说："我看到陈永锵从广州回到乡下，年纪轻轻的，如果不读点书，太可惜了，就借书给他看，也没有想到他日后会成为大画家。"

杨广明在讲述时轻描淡写，不经意之中透露出一个读书人的品德。

从这些文学巨著中，陈永锵吸收了丰富的营养，还学会了唱世界名曲《乘着歌声的翅膀》，内心变得无限强大与辽阔。

他开始蠢蠢欲动，构思写小说，自家的保姆二姑，抱着公鸡过堂，始终不嫁，曲折的人生经历，可以写成一部中篇小说《保姆》。那位先说他是流氓，后来又要他画像的农民女青年，最后在红星号船上，与大队的会计有暧昧的动作，被当兵的未婚夫休了，从此命运悲惨。这个故事可以写成小说《小镇姑娘》。还想写一部电影剧本《春霖》，描写两个回乡男女青年悲欢离合的故事，这个故事有陈永锵自己的影子。

文学是一种生命的核能，积累多了就会爆炸，不是炸死自己就是炸死别人。可惜这些构思，十月怀胎，有些死于腹中，有些流产了。可能陈永锵骨子里还是一个画家。

作家梦的破灭，也就在情理之中了。

尽管厕所没有换成，但换了一种人生的态度，永不怨天尤人，积极进取，向自己的内心进发。

1973年陈永锵与林丰俗，在广东省怀集县美术工艺厂。

70 年代陈永锵用的墨砚

20 世纪 70 年代初陈永锵与西樵的画友。

11 《鱼跃图》

从 1968 年春节前回到故乡西樵，不知不觉中已经在农村待了五个年头。当妻子阿娟怀上第二胎时，阿锵怕了，担心养不了两个小孩。

当时，阿锵被林丰俗老师推荐到怀集县工艺厂工作，但是是从生产队借调出去的，尽管每天怀集工艺厂支付阿锵四元，这也是给生产队的，他也与其他社员一样，只记工分。

他得知妻子怀孕后，坐了五六个小时的车，从怀集匆匆赶回来，带阿娟到西樵，找老中医陈洋清，为他解决这个难题。

80 多岁的老中医说："道法自然，孩子是天生天养，你怕什么？"

阿锵夫妇实在发愁，每天才三角钱的工分，如何养第二个孩子？

老中医见劝不了阿锵，便说："那好吧，我开两剂药给你，打不打得掉看天意了。"

阿锵带着忧心忡忡的阿娟，从药材店买药回来，按医嘱服用了，但肚子里一点动静都没有。

再找老陈，他说："这是天意嘛，生吧生吧，这是你的福气，生下来有困难大家会帮的。"

在怀集工艺厂的某一个时刻，阿锵突然心震颤了一下，他对身边的工友说：

“可能是我的第二个孩子出生了。”果然没有几天，收到了阿娟的来信，说某日某时又生了一个男孩，时间与阿锵的心动时刻竟一致。

父与子，是否存在某种心灵的密码，还有待科学的破解。但这个男孩的到来，确实给阿锵带来了好运气。

1973年，阿锵画了一幅以农村生活现实做题材的《鱼跃图》参加县展、省展、国展，被评委一致投票通过入选，还被评为优秀作品。这位身在农村劳动，任何时刻都没有放下画笔的农民画家，终于得到时代的认可。当年，《鱼跃图》还登上了《广东画报》，被出版社印成年画，全国发行，荣宝斋还将之水印卷轴出版，风行一时。

这幅《鱼跃图》的入选与获奖，还有一段小插曲。

阿锵开始创作时，画名叫《鱼跃人欢》，集中在广州修改作品时，得到了广东名家的指导，去掉了一些累赘，画面逐渐完整，直接从鱼的跃动上联想到岭南水乡养鱼人的快乐。加上阿锵本身绘画的基础好，构图能力强，这幅画能脱颖而出并不奇怪。但当年广州美术学院教授何磊也画了一幅以鱼为题材的作品参展，却落选了。何教授知道结果后，有些不悦。话传到了阿锵那里。阿锵说：“何教授绘画功底比我强多了，画得当然好。我的入选与获奖，无非是得益于我是公社社员的身份。我真想拜何老师为师呢。”这样的话从心里说出来，又传到何老师的耳朵里。何老师听后很高兴，只身来到西樵看望陈永锵，聊天谈艺。1978年年初，何老师还主动给陈永锵写了一封信，表示让他考自己的研究生，若考上，他乐意为师。

这让陈永锵想起了匈牙利音乐家李斯特与他的学生的故事。李斯特在德国一个城市旅行，看到一份海报，有个女孩冒充他的学生在这里演出，李斯特找到了这位学生想探个究竟。学生非常坦诚地说：“我不是李斯特的学生，但我家里穷，经纪人硬要这样做，想多卖几张票，如果我是李斯特的学生就好了。”

李斯特说：“我是李斯特的朋友，你能不能弹要演出的曲子给我听听？如果弹得好，我就推荐给李斯特。”学生当即弹了起来，技法娴熟，如行云流水。李斯特听后激动地说：“你从今天起就是我的学生了，我就是李斯特。”

当晚，李斯特退了车票，参加了他的学生的演出，并在舞台上宣布他是这位学生的老师。

陈永锵在现实生活中，也找到了有李斯特这样胸怀的老师何磊，为后来读研究生埋下了伏笔。

《鱼跃图》获奖的消息，是关山月从北京回来告诉他的。关山月说：“你的画入选了，评委们的评价比较高，还是优秀作品。中国展览公司决定选送到日本展出，你再复制一幅，交给我送到北京。”接着，还说了些鼓励的话。

这是陈永锵第一次到关山月的家，他听说关山月老师也抽烟，就花了七角两分钱，买了两包飞鹰牌香烟，藏在口袋里，直到约见结束，才不好意思地拿出来，放在茶几上。这也是陈永锵平生第一次送礼，关山月看到他羞羞答答的样子，也就没有拒绝，只是对他笑了笑。

这一包容与随和的微笑，从此记在阿锵的心里。

抖起銀珠千百萬
乙酉仲夏寫於治溪
南海漁人陳永鏘

源头水活鲤腾翻抖起银珠千百万 乙酉仲夏 陈永锵

1977 年陈永锵在黄山写生。

12 青春的出走

1968年从广州回到农村，陈永锵在西樵山已经待了整整九年，也许西樵山太小了，青春始终没法在这里安放下来。

1977年8月18日，第一次远行到黄山写生，他要用手中的画笔，描绘世界上更大的风景。这个时期的中国，四人帮刚刚倒台，百废待兴，人们的生命的激情正在从束缚中解放出来，就像大地回春。陈永锵也感到新时代即将来临，开始蠢蠢欲动。

说是到黄山写生，其实是一种青春的出走，书写自己广阔的人生。只不过背上了一块画夹，生命的行为变得有点艺术。

这次远行整整走了一个月，到过杭州、黄山、南京、无锡、镇江等地，沿途的事都仔细地记录下来，时间、事件、人物清清楚楚。这本日记已经打印在A4纸上，暂定名为《远行漫记》，但还没有出版。

在黄山小桥边，他遇到了黄苗子、郁风夫妇。当时，他正和同行边写生边聊天，他的广州话，被黄苗子夫妇听到了，问他们是否来自广东，是否认识诗人陈芦荻。陈永锵高兴地说：“陈芦荻是我的二伯父啊。” 原来黄苗子夫妇早就是陈芦荻的好朋友。

当晚，黄苗子夫妇还请他们到宾馆做客。

每一座山都是石头堆起来的，黄山也一样，但黄山历史上来过太多的文人墨客，留下了太多的墨宝，使黄山变得与众不同。不但大人物来，连在广东南海县西樵务农的小伙子，也带着老婆给人缝衣服赚的钱，兴冲冲地赶到黄山。

时间回到 1977 年 8 月 30 日，到黄山写生已经第六天了，但松谷庵、西海、始信的方向，全未到过。陈永锵决定与西樵一同来的两个同伴一起前往。他们早上七点从北海宾馆出发，走了一个半小时，才到达二道亭，两位同伴觉得危险，就打道回府了。陈永锵只好一个人执意往前走，走走看看，一不留神，踩空了一脚，摔倒了，刹那间他紧紧抓住铁链，用脚一点一点地往上勾，爬了上来，脚下是悬崖峭壁。

1974 年，陈永锵与林丰俗在怀集县深山老林写生，也误入过采石爆破区。只听见一声闷响，两人立即躲到悬崖下，身紧贴着石壁。顷刻，石头从他们头顶瀑布般泻下。如果不是躲得及时，广东画坛就少了这两个人的故事，也就没有这本书了。

写生很危险，青春更危险。

黄山的峻美，吸引陈永锵继续前行，很快就把危险丢到了脑后。

到了松谷庵，山雨突然下了起来，他只好在庵里躲雨。这座早已荒废了的尼姑庵，此刻只有一个从广东来的男青年，在黑暗的光线中，阅读墙壁上民国三十六年（1947）题写的诗文。

雨小了点，他继续往前走，在毛竹林边的青山下，有一户人家，门楣刻着三个字：芙蓉居。门口走出一个十二三岁的小姑娘，穿着早已洗脱了色的红花衣服，表示他可以进入院子。

一位老大妈为他端了一杯黄山热茶，60 来岁的王大伯搬来凳子，与他聊天。陈永锵把仅有的三支香烟掏出来，分一支给王大伯。

吃完午饭之后，陈永锵把妹妹陈丽送的一个铅笔盒，送给了这位黄山的小姑娘。小姑娘拿着铅笔盒，雀跃地跑回房间，一会儿端出两个金黄色的南瓜大饼。陈永锵接过时，还烫着手。

临走前，王大伯得知他还有两个同伴，又端出两个南瓜大饼：“带回给他们尝尝。”接过大饼，陈永锵激动得脱口而出：“我一定还会到黄山来，我一定会再来拜访你。”这也是此后陈永锵不断地画大南瓜的缘由。

年轻的时候，我们总是喜欢对时间做出承诺，而时间又非常不留情，总是把我们从一个地方带到另一个地方，从一种心情带到另一种心情。陈永锵后来到过黄山很多次，不知道他再到过芙蓉居没有，即使他去过，也不知道王大伯是否还在等他。

茫茫人海，萍水相逢，相遇就意味着离别。后来，陈永锵到新加坡办画展，被一位大银行家请到家里做客，家里用的、吃的、穿的完全与他拥有的财富不相匹配，这位银行家虽然什么也没有对陈永锵说，但陈永锵悟通了财富的道德，对金钱有了新的认识。还有一次在哈尔滨，一位石油大王接待了他，两人都喝得酩酊大醉，陈永锵还是上了他醉驾的奔驰车。那晚，富豪谈起自己三次失败的婚姻、自己游戏人生的经历时，泪流满面，痛心疾首。陈永锵一时也不知怎样安慰他。

我们一路遇到的人，不可能都走到最后，有些偶遇，注定相忘于江湖。

2013 年 10 月 13 日，陈永锵应邀来到安徽红星宣纸厂，举办“宣纸还乡”的画展。他知道造纸工人的辛苦，绘画时从不浪费一张宣纸，更不会用宣纸来擦笔。他让工厂选出十名车间一线的技术工人，现场作画，每人送了一幅三平方尺的画，这在红星宣纸厂的历史上，绝无仅有。大画家李可染曾经到车间慰问过工人，陈永锵却把他的感谢，画在了宣纸上。从这点来说，陈永锵不是一个忘恩负义的人。

这次来安徽，他把年轻时对黄山的爱，也一一归还了。

不过，这是后话了。

也许沾了黄山的福，从黄山归来后不久，陈永锵成为广州美术学院国画系的研究生。

20 世纪 70 年代陈永锵与画友张明基。

70 年代陈永锵使用的照相机

1979 年陈永锵在甘肃敦煌莫高窟写生。

13 初中生考上了研究生

1978年春节后，何磊教授专程从广州到南海县西樵山工艺厂看望阿锵，对阿锵说："国家恢复高考制度了，你可以考我的研究生。"当时，阿锵是工艺厂的主要画师，忙着为国家创外汇，还不知道研究生为何物。但看到何老师专程来告诉这个好消息，还是很激动，决心报名试一试。

此时，他已是两个孩子的父亲，工作也开始稳定下来，妻子阿娟在中央工艺美术学院陈叔亮院长的帮助下，也到了南海工艺厂担任裱画师，一家人在一起，已经在农村平静地生活了10年。

考不考，他陷入了沉思。还是阿娟最了解丈夫，她嫁给他，是看上他的才华，即使他下放到了农村，也一心跟着他，但她知道有朝一日，他一定会出人头地。面对考研究生一事，她鼓励他去考，即使考不上，也没有关系。

位于广州市海珠区新港西路的广州美术学院，阿锵再熟悉不过了，儿童时代，他就与玩伴们在这片荒地上摘过野果，捉过迷藏，1957年，看着广州美院破土动工。14年前他就是在这里"名落孙山"。今天故地重游，多少有些感慨。时间如白驹过隙，转眼间，他快要30岁了。

在研究生报名处他遇见了陈金章老师，陈老师拿表给他填，他老老实实地在文化程度一栏填上了"初中毕业"。

陈金章老师一看，急了："初中毕业生哪有资格考研究生？考研究生要大学本科毕业或相当于大学水平，重新来过。"说完，又给陈永锵一张表。

从来不会说谎的陈永锵，面对表格，半天也下不了笔。

陈金章老师说："这样吧，你很诚实，回去写一篇论文来，我们讨论讨论，看是否能破格报考。"

陈永锵匆忙到书店买了本《实用文体》，看看论文怎么写，便按论点、论据、结论的格式写出了人生的第一篇"论文"。

论文交上后，听天由命吧。

回到西樵山不久，在他30岁生日的那一天，他收到了广州美术学院研究生复试的通知。

命运在冥冥之中总有某种巧合，又有某种出其不意之处。高兴还没有几天，何磊教授因病去世了。阿锵在何教授的追悼会上，看着何老师的遗容，流下了眼泪。心想："老师您走了，我还读什么研究生？"

当时广州美术学院国画系主任杨之光教授知道陈永锵的情况之后，托人带话给他："你要安心复习功课，只要你考上，我安排。"正是因为杨之光老师的关心，陈永锵又回到了广州美术学院复习迎考。

陈少丰老师是美院的美术史教授，他为陈永锵开了一个复习书目，还亲自到学校的图书馆借回来给他看。为了不耽误阿锵的复习时间，陈老师还到饭堂打饭回来给阿锵吃，免得他丢失时间。

说起这段悲欣交集的时光，陈永锵感慨地对我说："那时的老师真好。"

记得读研究生不久，朋友带他到华侨大厦与黄永玉先生喝早茶。未见黄永玉之前，陈永锵就读过黄永玉的散文集《阳光下的风景》与许多画。黄永玉见到这位比自己小24岁的聪明"小老鼠"，很高兴，认真地看了陈永锵带来的诗与画。黄永玉说："阿锵，艺术尤其重视感性，而你的作品比较理性，做人要理性，作画写诗要感性，理性有时会伤害感性的，不过你是由衷的。就这样啦，

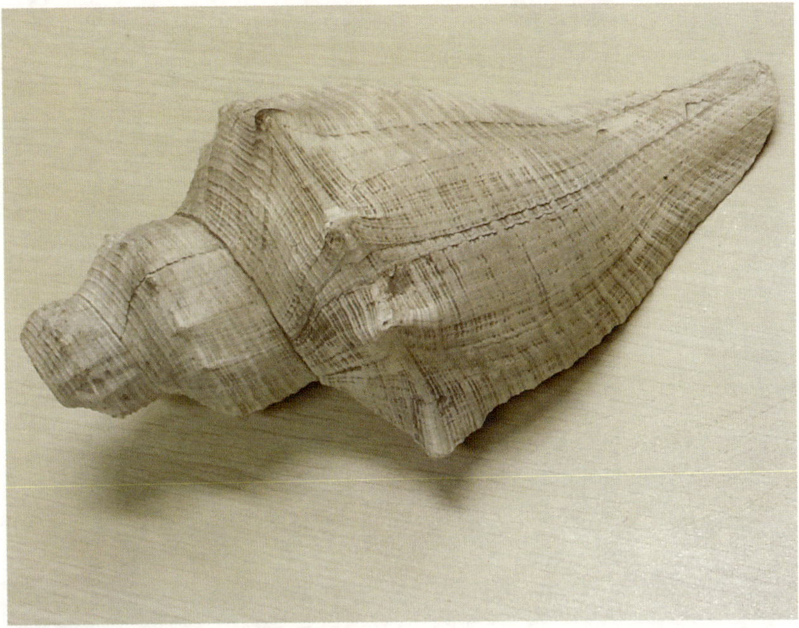

陈永锵当年使用的物品。

你也不用改，走一条属于自己的路。”

1989 年，黄永玉在香港，陈永锵与林墉夫人苏华也正好在香港。苏华老师说：“ 黄永玉先生问我，陈永锵敢不敢来看我？”

看老师有什么不敢的。放下电话，陈永锵与苏华老师打车去拜访了居住在香港半山的黄永玉。

1981 年陈金章指导陈永锵研究生毕业创作。

1979 年陈永锵与方楚雄、林丰俗在北京拜访孙其峰先生。

14 游学北京

1979 年 5 月，考上研究生后不久，为了开阔学生的眼界、转益多师，杨之光老师安排陈永锵与方楚雄到北京游学，广泛地拜师访友。

陈永锵与方楚雄这两个南方青年画家，持着广州美术学院的介绍信，找到了中央工艺美术学院办公室。但办公室的工作人员看了介绍信后非常为难，说学生太多，来交流的学者也太多，无法安排他俩的住宿。

没法安排就意味着要流浪街头。陈永锵忽然记起，可以找他们的陈叔亮院长，就跟同是广东人的阿老老师说。陈院长是陈永锵 1975 年在西樵认识的老前辈。陈永锵当时刚从怀集回到家乡参与南海工艺厂的创办与西樵旅游开发的工作，正在华侨大厦张罗着一个西樵旅游的展览准备。刚刚从“文革”中解放出来的中央工艺美术学院院长、大书法家陈叔亮先生在省二轻局领导的陪同下到南海西樵考察，在筹备的作品中他看到了陈永锵画的一本西樵风景画册，便说想见这个年轻人。于是，陈永锵在半信半疑中羞涩地走到了陈叔亮先生面前。陈老高兴地和阿锵握了手，并说他知道《鱼跃图》，想听听作者对自己作品的看法。

阿锵坦然地说：“我其实画得很幼稚，大概只是因为我的身份是个公社社员而沾了时势的光而已。”陈老高兴地对随从们表扬了阿锵的诚实与谦虚，说他有艺术功力与前景。并执意要阿锵陪他参观了南海工艺美术厂，并欣然应邀为这个乡间小厂题写了厂名。还郑重嘱咐陪同的地方官员，要重视阿锵这个年轻人的培养，也要解决好他配偶的工作安排。

陈老回京后还特意寄了他的书法作品给阿锵留念。这张写于1973年的条幅，至今一直悬挂在陈永锵的画室上。

当阿老老师领着陈、方两人造访陈院长府上时，陈老知道陈永锵已考上了研究生，喜形于色，说：“永锵我未看错你。”

当知道学院婉拒时，陈老立即写了一封短信给院办：广东来的两个学子，要积极为他们解决困难收下来。

办公室主任见信，还唠叨，陈永锵既然认识陈院长为什么不早说。

于是，陈、方便这样住入了中央工艺美术学院，两个人一间宿舍。

在北京的时间安排得非常紧凑。每天都要拜访一名大师，而当时的公共汽车又少又慢，加上不认识路，往往赶到，已经是中午了。

一个月里，陈永锵与方楚雄走遍了北京的大街小巷。先后拜访过李可染、李苦禅、崔子范、田世光、王雪涛、黄均、许麟庐、孙其峰、俞致贞、娄师白、祝大年、范曾等名师，收获颇多。

记得去拜访李苦禅时，师母挡驾，说李老不在。李苦禅听到外面有人要找他，大声叫了起来 ：“我在，我在，我怎么不在呢？快进。”

见阿老老师带着两位岭南的青年画家来拜访，他好高兴，指着墙上一张大花脸的京剧照片问是谁，陈永锵一眼就认出：“是李老师您。”李苦禅高兴地大声说：“猜对了，猜对了。”接着，兴高采烈地唱一段京剧给他们听。然后他问陈永锵：“于非闇的画你怎么看？”

于非闇生于1888年，北京人。清末贡生，任北京画院副院长，工笔花鸟大师。以字画和印出名。早年师从齐白石，擅瘦金书。1959年病逝。

陈永锵不知李老师与于非闇过去有什么过节，就实话实说，说画得工而不腻，大气。

话音刚落下，李苦禅生气地说："这个小子要是活着，我要揍他。"

这让陈永锵明白： 在京城，不能随便说别人的坏话，也不要随便说别人的好话，话说的不是时候，也有危险，包括评价死人。怪不得古人云："见人讲人话，见鬼讲鬼话。"

不过，一谈起艺术，李老师就忘记了对于非闇的不悦，那些过往的历史恩怨仿佛都不曾有过。他教陈永锵与方楚雄，怎样用偏锋绘画。李苦禅说："很简单。"接着就拿出一张宣纸，示范给他俩看。李苦禅老师拿着笔先左右画，再参差画、上下画。画完，把这张纸送给了陈永锵留念。

李苦禅现场示范的墨宝，至今还珍藏在陈永锵的家里。

李苦禅老师的夫人是广东中山人，见了陈永锵与方楚雄，好亲切。李苦禅说："岭南人好聪明。画什么像什么，每一幅画拆出来，树啊、屋啊、人啊、水啊，都清清楚楚。但北方的画拆开来全是蚯蚓般的笔痕与墨道。"李老师话虽然不多，也不说哪种好，但很深刻。只让学生自己去悟，就像佛的拈花微笑。

回到宿舍后，陈永锵不停地想李苦禅这段话。最终悟到，音乐，不是声音组成，而是音符所代表的乐音组成的；而中国画不应是自然的物象构成的，应该是笔墨的美感。

从此，陈永锵非常注意笔墨。

一次，去天津美术学院孙其峰老师家拜访，孙老师的书法与篆刻都有很深的造诣。陈永锵曾经跟莫铁老师学过篆刻，但只学到皮毛，明白方寸之中大有乾坤，想当面见识见识。知道要求之后，孙其峰老师想找一方印，现场刻给他看，但找来找去都找不到，所有的印石，都被孙老师刻过。他干脆把一方刻有印文的常用印磨掉，现场刻了起来，边刻边说，告诉陈永锵应该注意什么。

离开时，孙老师向陈永锵与方楚雄提出了一个要求，用自己的画，一人一张，换他俩的画。孙老师用这样的方式，确认他俩的美学价值，给了他们很大的鼓励。

回到广州多年之后，陈永锵在广州遇见了俞致贞老师，他问老师来广州忙些什么。俞老师说：“我来看花，画画的人，不要误了花期。”

此时，正值广州木棉花盛开。

这是陈永锵所遇见的最贵族的女老师，从北京两千多公里赶来广州，仅仅是看一下木棉花开。这让陈永锵想起在北京时，有一次在校园里见到俞老师的丈夫刘力上老师，正拎着一个篮子往外走。

陈永锵主动与刘老师打招呼：“刘老师，忙什么？”

“去看俞老师。” 刘老师轻松地答道。

陈永锵问：“俞老师，怎啦？”

刘老师说：“她正住院。”

“那带什么好吃的去看俞老师啊？”

刘老师打开了篮子，一只猫伸出头来“喵”叫了一声。刘老师说：“你俞老师已经一个星期没有看见它了，好想念。”

去看一个病人，没有带营养品，而是一只猫。也许，只有在这些艺术大师的身上，才能看到人类精神世界的丰富。陈永锵感受到了老师的童真与可爱。

在北京吃了一顿顿的精神大餐之后，肚子里反而有一种饥饿的感觉。到北京 20 多天后，所带的钱已经花完，弹尽粮绝之际，陈永锵烟瘾起来，不得不捡回自己扔掉的烟蒂来抽。他读研究生，每月补贴是 43.5 元。但钱杨之光老师还未寄到，只好硬着头皮去向于名川老师借钱。

于名川看着他们的颓丧样，笑了，马上拨通了北京画店经理的电话，然后递过话筒，让经理对陈永锵与方楚雄说：“中国不让陈永锵与方楚雄穷。明天拿画来吧，五元一平方尺收购。”

陈永锵与方楚雄连夜开工画画，方楚雄手快，画得多些。北京画店开出的收购价是五元一平方尺，有多少收多少。方楚雄卖了 200 多元，陈永锵卖了

1989 年陈永锵与杨之光在美国。

180 元。一下子拿了差不多五个月的工资。他俩跑完书店，又吃了一顿涮羊肉，还喝了啤酒，庆祝自己“有钱了”。

陈永锵 31 岁的生日，是在北京度过的，那天，天下着雨。

犁 陈永锵

陳永鏘

草裙舞 2007 年 陈永锵

15 一笔 2300 元的稿费

读研究生的最后一年，香港联合出版集团的中商画廊收购了陈永锵的一批画，有 2300 元的收入。在财务处领这笔钱时，他眼紧紧地盯着那沓人民币。财务经理说：“还看什么，签了名就是你的了。”

领回稿费的整个晚上，一直兴奋，睡不着，反复地点这 2300 元。不是怕不够数，而是数着就乐，老是想着这笔钱该怎么花。

他想起了在美院附近有一家小书店，他没钱时，整天去那里看书，打书钉，想买的书都没钱买，一位年轻的女售货员有些看他不顺眼，他想明天要去书店买书，“报复”一下她。

第二天书店刚刚开门，陈永锵就骑着那辆破旧的单车到了。走进书店一看，那个女孩没有上班，又骑车回学校了。

等到那个女子上班，陈永锵又来到书店，找到了她：“麻烦拿一本《辞海》来。”

“《辞海》25 元一本，很贵啊。”女售货员半信半疑地望着陈永锵：“你是不是真的买？”

陈永锵斩钉截铁地说：“买！”接着他打开了挎包，亮出了那沓人民币。

“啊，这么多钱。”女售货员惊叹了一声。

拿这本来，买！那本呢？买！一系列非常过瘾的“买”吐出之后，一大堆书摆在了陈永锵的面前。他赶紧说：“好了好了。”一结算是300多元。

女的问：“开不开发票？”

陈永锵说：“不用。”本来他是很想留张发票作为首次豪迈购书纪念的，但想一想，如果开发票，那不是公家报销的吗？

“你自己买的？”

“是。”陈永锵说这个字时，得意极了。

有钱真的就是不一样，这次女售货员用玉手为他把书绑好，亲自把书提到他的单车上，绑好。当陈永锵骑上单车要走时，她看到单车轮胎压扁了，便说“我们有打气筒。”说着又飞快地拿出打气筒，用玉手扶着单车的气门，让陈永锵打，手握打气筒，陈永锵哼着小调，越打越来劲。

女的大声叫道：“好了好了，再打就爆胎了。”

陈永锵跨上单车像骑上骏马，一路打着铃声，扬长而去。

买书，出了气。周末他还要回西樵山路边陈村，妻子与两个小男孩还在那边，读了研究生，有了钱，也不能当陈世美，他得赶紧回家去。

见到妻子阿娟，他说：“叫一声锵哥啦。”

“不叫。”阿娟没好气地说了一句。

陈永锵自讨没趣，这一招不灵，就改口说：“叫声老公啦。”

“有什么着数啊？”阿娟不想扫老公的兴。

“叫一声老公给你十元。”陈永锵开出了条件。阿娟想，自己挑一担青菜去卖，才五元，回家后还把钱东藏西藏，怕人偷了。为了省钱，家里三个男人的头发都是自己理的，现在，叫声老公就有十元？

“老公。”阿娟半信半疑地叫了一声。

陈永锵立即从挎包里掏出十元。见真的有钱，阿娟一口气叫“老公老公老公老公老公”。经陈永锵清点，是五个，又拿出五十元。

“叫你个头。”阿娟骂了一声，随手把钱全抢走了。陈永锵也开心极了。

陈永锵一五一十地把他画画挣了一大笔稿费的事情与妻子说了。当然，他不会说买了很多书的真正原因。

说实话，丈夫读研究生后，阿娟的压力非常大，村里的人经常说：“你老公到大城市了，读研究生了，可能是个陈世美，你要成秦香莲了。”阿娟虽然也心大心小，忐忑不安，但还是相信丈夫。当初嫁给他，就是看到他将来会有出息，他有出息了，自己反而不开心了，这是多余的。

陈永锵是个性情中人，他从来不按计划花钱，只是凭感觉，大笔稿费很快就“挥霍”一空。再次回家时，他从美院坐公共汽车到了码头，摸一摸口袋，只剩下五角钱，连一张 2.5 元的船票都买不起了。

但妻儿在农村，归心似箭。他假装成船上的工作人员，大大方方地从“工作人员”通道走过，见到值班把门的，他大咧咧地说了句：“兄弟，今天你值班啊？”就昂然溜上了船。

其实，他与船工真的很面熟，他在这条通往乡村与广州的船上，已经走过无数个来来回回，他无法割舍骨肉亲情，哪怕是内心挣扎，这条水路也要走下去。

想想当初与妻子回娘家时，妻子带着两个孩子，他提着大包小包，走几步就要歇一歇。走到罗行时，妻子心疼他，要他到路边找一根竹竿来挑，但陈永锵说竹竿是公家的，不敢偷。阿娟说：“公家的，即是我们都有份啦。”说完，放下孩子，跑到码头，拖出一支竹，用腿折断一节扁担长的，让丈夫挑着行李回家。口里说：“ 真是个傻书生。”

多年之后，这条走了无数次，承载着一家人温暖记忆的路，大儿子陈志宏还一个人走过一次，为的是重温童年的时光。

陈永锵对我讲没钱也能坐船回家的故事时，得意地说：“聪明如我，古人说没有两分钱，过不了河，但我身无分文都能回家。”

一个人暴富或贫穷时，最能窥探他的品格。一个人对金钱的态度，决定了他的未来。

蝶　庚申年三月　陈永锵

16 一只寻找花朵着落的黑蝴蝶

振起内疚和自豪的双翼

在海天之间

低飞

彼岸在

心底

这是陈永锵读研究生时画给自己生日的一幅画，画的右下方，是一只黑蝴蝶，正在低飞着，但前面没有任何草丛与花朵可以着落，画面上题写了一段词。

陈永锵说：“读研究生的三年，是我人生一路走来最郁闷的三年。”

读研究生时，陈永锵住过的宿舍现在已经全部拆了。那些消失在时间中的老房子与故事，只能通过记忆重构。

以物记事，在我们这个多变的时代，变得越来越不可能。

不过聊起来，陈永锵还是记着自己当时住在二楼，床上堆着书，乱七八糟，蚊帐低挂着，上面压着很多画稿，睡觉时差不多能碰到鼻子。许多时，因为懒，吃的是不泡水的简装速食面。衣服也是两个亲妹妹轮流来拿回家洗。

什么样的环境就有什么样的心情，陈永锵所讲的“郁闷”与他生活的现场基本吻合。

从初中生到研究生，从西樵山到广州、北京、敦煌；从当初与乡村文艺青年混在一起到与国内顶级的艺术家坐在一起交流。眼界开阔了，艺术境界也高了。但绘画的技术没有突破，个人的表现风格没有形成。这正是陈永锵郁闷的主要原因之一，他认为自己读了研究生，也只是徒有虚名。

如果功课忙，回不了西樵山，阿娟有时也会带着儿子到美院来看望丈夫。

这次来，看到丈夫宿舍的现状，阿娟二话不说就咚咚地跑下楼，到了方楚雄的家，借了一把菜刀，就近挑了几支可以支蚊帐的竹子，一刀一支，砍下来，还在路边削掉枝丫，好像农村的野竹，谁家需要都可以去砍一样理所当然。

看到妻子挥刀在校园里肆意砍竹，一向怕事的阿锵万分尴尬，生怕校方责罚下来，自己担当不起。

广州美术学院不会因为路少了几棵竹子，就会变得丑了，也不会因为多了几棵竹子就变得漂亮起来。来来往往的师生们，谁也没有说一句，这让广州美术学院看起来更有气质。

阿锵这样评价过妻子阿娟："如果是在乱世，老婆一定是个双枪女强人。在西樵，谁欺负了她的两个孩子，她一定追到那人的家里，哪怕是钻进了床底，她也要拉出来打屁股，再讲理。她骑单车送两个儿子上学时，路过一座桥，人车都很挤，她怕别人碰着儿子，两只手握着单车把，撑大起来，像装甲车一样，从人群中穿过，这点，两个孩子的记忆都很深。"

不过，阿娟砍了几支竹子回来后，支起了蚊帐，宿舍也生气起来。

一次在广州两口子吵架，阿娟生气地不为丈夫煮早餐，要拉着次子志彦回西樵，并对儿子说："不理他。"阿娟带着儿子走不久，小志彦又跑上了楼，将口袋里的几块饼干拿出来："爸爸，你没有早餐吃，给你吃。"说完，又一冒烟跟着妈妈跑了。

陈永锵看着这个本来不想要，但仍然顽强地来到世上的孩子，已经懂得用一块饼干来报答父亲的养育之恩时，无限的感慨涌上心头：夫妇不和，很伤孩

1979 年陈永锵在北京。即使穿着严肃的中山服，也掩盖不住青春的张扬。

子的心，真是和为贵啊。

生命的传奇在于，我们有先辈，也有后代，这种以血源为纽带的亲情关系，容不下半点掺假。有一次，大儿子陈志宏来学校看望父亲，一个人坐公共汽车离开时，陈永锵不放心，就骑着他那辆破旧的单车，一直跟着公共汽车跑。十岁的儿子站在公共汽车上，眼睛一直望着父亲，生怕别的汽车碰到父亲。就这样，父亲骑着单车，紧跟着公共汽车，一个站又一个站。

30 多年之后，陈志宏在对我讲述这一幕时，声音颤抖，热泪盈眶。他什么都不用说，就能让人感受到父爱如山。

读研究生是为了艺术，还是为了生活？陈永锵也在选择，但他最终选择了后者。不过，他自己加上了一句：为人生而艺术。

尽管思想与艺术能引导人类的未来，但在现实中又往往是无力的。它不如一块饼干，一个回眸更能让人感受到生命的传奇与温暖。从此，困扰陈永锵多年的艺术问题，终于有了明确的答案。做一个实在的、独立的自由人，比做什么家都更根本、更重要。

行动最有力量。行动起来，不再想那些云里雾里的众说纷纭的“艺术”，画身边的风物，哪怕是画一蝴蝶，也要让它展开生命的翅膀，飞起来。

风可以吹走一张纸，但无法吹走一只蝴蝶，生命就意味着自强不息！

还有一只黑蝴蝶，自由自在地飞翔在 1972 年的夏天，飞翔在五华县莲花山李望嶂的山野里。青年陈永锵，从故乡专程到五华县，看望下放到那里放牛的梁占峰老师。梁老师去劳动，他就跟着老师去写生。小溪、山野、清泉、蝴蝶这些山中自然景物，一下子触动了青春的诗情画意。陈永锵情不自禁地脱光衣服，跳入清溪顺流而下，玩起水来。正玩得不亦乐乎时，一群妇女唱着客家山歌路过。

这下完了，非常爱面子的阿锵迅速躲了起来。当歌声远去，他钻出来时，怎么也找不到自己的裤子，找着找着，一只黑蝴蝶从他头顶飞过，看到漂亮的蝴蝶，时而展翅，时而低翔。山野中，一个青年光着身子追蝴蝶的情景像电影中的镜头，让人觉得美不胜收，黑蝴蝶飞着飞着，最后停在了陈永锵的裤子上……

生活中的偶然总是可遇而不可求。穿上了裤子，陈永锵又回到了现实中。

艳阳天 陈永锵

丙

陈局

1981—1998

1981 年暑假，黄胄的女儿梁英与她的同学到西樵山采风，陈永锵陪同当向导。

17 第一位民选院长

1981年7月，陈永锵从广州美术学院获得硕士学位，研究生毕业了。何去何从，命运的选择再次摆在他的面前。

他请教恩师廖冰兄。

廖冰兄生于1915年，原名东生，祖籍广西象州县，生于广州，著名漫画家，时任中国美术家协会广东分会副主席、中国美术家协会理事。

“你去动物园看过狮子老虎吗？”廖冰兄问。

“见过，它们待在笼子里没精打采。”

廖老师接着说：“你是野生动物，回到大自然吧。”

艺术的核心是灵魂自由。如果没有自由自在的生活，就很难创作有灵魂的作品。

茅塞顿开的陈永锵，放弃了留校当老师的奢望，准备应梁广大的邀请，回故乡南海。

广州画院当时正在筹建中，执掌画院的领导蔡畅旋，从陈永锵的二伯父暨南大学教授陈芦荻那里对陈永锵略有所闻，建议陈永锵带作品到他家看看。陈永锵的母亲精心准备了一篮水果，让儿子有礼貌，带点手信见领导。

要出门了，但陈永锵怎么都不肯带，执意不过，才勉强提着水果出门。走到半路，越想越不对劲，如果要见的领导不贪，会误解自己；如果他贪，做他的部下也没意思。这样想着，又把水果提了回家。母亲生气地说："看你怎么死梗。"陈永锵平静地对母亲说："妈，你放心，画院是招画家，不是招送水果的。"

这回空着手出门，走得自由自在。

这次见面的结果非常理想，蔡畅旋老师看了他的作品后说："现在不是你能不能到广州画院，而是画院能不能争取到你。"

从 6 岁开始学画，经过 27 年不懈努力，陈永锵终于当上了职业画家，看到儿子有出息，父亲陈志伟打心眼里高兴。父亲"文革"后落实了政策，但他好马不吃回头草，不愿回原单位工作，而是当了个体户，为街坊服务。陈志伟是位电器工程师，他的手艺，养活了一家人，20 世纪 80 年代初，就买了一部二手摩托车。

不幸的是，1981 年 12 月，还有几天就要过元旦节了，父亲陈志伟骑摩托车在下班的路上被公共汽车的实习司机撞成重伤，在医院住了 7 个月之后，终于还是走了。

父亲临走前，嘱咐陈永锵："不要追究那位公共汽车司机的责任了，她与我无冤无仇，不是故意的，都是我自己的命不好。"

父亲的这段临终遗嘱，其实就是他善良一生的写照。

父亲生前，喜欢种姜花，谁喜欢都可以摘。他特别喜欢两个女儿，喜欢女儿留着长长的辫子让他梳。他坐牢后，陈永锵也学着父亲的样子，把妹妹的辫子编得漂漂亮亮，再送到幼儿园。

回想起在街道工厂时，三个干部轮番做陈永锵的工作，劝了一夜，要陈永锵与父亲陈志伟划清界限，断绝父子关系。18 岁的陈永锵死硬都不肯在断绝父子关系声明书上签字。陈永锵心想，前途黑暗就黑暗吧，哪怕一辈子受苦受难，

姜花 陈永锵

版纳野趣　乙丑年　四月　陈永锵

自己都会做父亲的儿子。

父亲的好，陈永锵与弟弟妹妹们会一辈子记着。

母亲伤感地说："他命不好，没有福气享福。"

1985 年，按照政策的规定，妻子邓翠娟也带着两个儿子陈志宏、陈志彦回城了。

一辆画院派出的三菱面包车接回陈永锵一家四口和几把柴、一堆蜂窝煤、一个电饭煲，一家人就这样高高兴兴回到广州。

对于上无片瓦的陈永锵一家来说，回到广州是无家可言的。这时他刚任广州画院基建办主任，正因为"哀兵必胜"的原理，他才被画家们推举为建房大员。他一家却挤在广州画院借广州雕塑院的三楼，夫妇一张小床，两个孩子睡在翠娟白天裱画的乒乓球台上。

回忆起这段生活，邓翠娟说："非常艰苦，没有家的感觉。"

邓翠娟在南海工艺厂时，跟师傅学了一手裱画的技术，康有为遗下的好多作品、手稿都是她一手翻裱的。回广州后在画院帮人裱画，没有地方，就借会议室，画院每逢周一要开会，一到周日，邓翠娟就把会议室收拾得干干净净，让画院使用，开完会，又开始裱画。这样的日子，差不多一年。后来，因为陈永锵在广州画院的"失意"，被迫另地谋生，才结束了这段日子。

1986 年，在广州市文化局局长钟子硕的关怀下，在广州共和西路为他们分到了一间 50 多平方米的房子，一家人才真正住在了一起，成为广州人家。

记得搬家那天晚上，两个孩子高兴得抱着枕头，在床上打闹了一夜。

1988 年，国内民主气氛非常浓烈，广州画院也在上级组织部门的安排下，开展民主选举院长。动员会上，陈永锵带头发言："民主选举，选到谁，谁就要当，不能推掉。"结果在选举会上，陈永锵以高票当选了。

这是他万万没有想到的。

陈永锵实在无意要当什么院长，他醉心的只是当个画家而已。当年大家推荐他当基建办主任，他只想："如果我能把广州画院建起来，至少也可以有个家居，何乐而不为？"于是，他全身心投入了搞基建，确实有点积极过人。到临与工程队签合约时，对方邀他单独见面。这次见面中，陈永锵见到了对方的"善意"，毅然指令对方在工程款上作修改，意即自己不贪，你也别占便宜，在每平方造价上砍去了 30 元。不料，院长表示难解陈永锵的积极卖力，要查一查。

文化局的工作队来了，要查账。陈永锵生气而又傲慢地说："查吧，查的结论，现在我就可以告诉你，陈永锵光芒万丈，查？查什么？搞了这么久时间，基建专用款上，是零支出。"

越查越清白。这年，陈永锵居然史无前例当上了个"先进工作者"。

后因工程队认为广州画院未肯签合同，致使他们有所损失而将广州画院告上了法院。

陈永锵平生首次接到法院的传票，要准时到法院接受调查询问。

开庭那天，法官叫被告人："陈永铿。"

"陈永铿、陈永铿。"法官连续盯着陈永锵叫了三次，陈永锵就是不回答。

"嗯，知道你是个大画家。"法官以为是他架子大，加了一句。

一被人称为大画家，陈永锵的心就软下来。他对法官说："我叫陈永锵，是铿锵有力的锵。"

铿锵有力，当然官司也就赢了。

但当院长这事，他还是不肯点头。林墉老师的妻子苏华也是广州画院的画家。她觉得陈永锵为人公正，是院长的合适人选。

苏华问他："你一般遇到事发恼，生气几天？"

"两三天啦。"陈永锵不知是计。当然，也不知道，当院长就是给画家们骂的。

"那就是你啦，我不行，一生气就很久才能消气。"苏华劝他，"从广州

1992 年广州画院大楼落成仪式上，广东省省长梁灵光、广州市委书记张汉青等参加剪彩。

美术的发展来考虑，都应该当这个院长，而且这是民意。”

他敬重的大姐都出面了，陈永锵当上了广州画院的第一位民选院长。在这之前和这之后，院长都是上级组织部门任命。

陈永锵的升官，是民主改革进程中的一个孤本。

这个时候的陈永锵，喜欢穿一身白色的休闲装，连皮鞋都是白色的，干净得一尘不染。

1991 年陈永锵在美国画展。

18 一个人的外交

1990年，陈永锵以私人的名义出访美国，举行个人画展，引起的争议和关注非常正常。

中美关系这时正处敏感时期，陈永锵能签证去美国，是因为他与美国驻广州领事馆的文化参赞相识，也曾经在花园酒店某层为多国驻穗使节的夫人们上过国画课。花园酒店为了方便陈永锵出入，还配了这层楼的电梯钥匙给他使用。

有一次，他进入花园酒店，直接上了领事馆的楼层，一位酒店保安人员干预。

“你去哪里？”

“某某层。”

“你为什么可以去？”

“因为权利与责任。”

说完陈永锵将电梯的钥匙摇了摇，直到他进入了课室，听到外交官夫人的欢迎掌声时，那位跟踪的保安才退了回去。

有了这种经历，加上美国堂妹的邀请，签证去美国的事就办妥了。

事实上，当上了广州画院院长后，他更多的是忙于行政事务，没有多少时间画画，要到美国举办画展，实在没有足够的作品。于是他干脆带了宣纸与毛笔，就出发了。

第一次去美国，陈永锵觉得非常新鲜，在香港花了五千多元买了一部DV，想要把美国之旅实录下来，带回国同家人与朋友分享。

陈永锵不通英文，只能简单说几句，但他准备了一份个人的介绍，中英文对照，遇到检查时，他就把这个递出去，对方一看："chen yong qiang，中国艺术家。"陈永锵就说一个："yes。"美国人好像都尊重艺术家，一路顺利，没有碰到什么麻烦。

堂妹本来在美国开餐厅，为了接待她哥陈永锵，并安排他在美国四个城市的画展，竟把餐厅卖了，还为陈永锵找到了临时住所。

下了飞机，安顿好后，陈永锵就开始画画了。在美国，没有什么人打扰，他有充裕的时间全身心地投入创作，画展如期举办了。

中国大陆年轻艺术官员的到来，也引起了台湾当局驻美国侨教中心人员的注意，他们派了些官员前往探望陈永锵，并提出宴请。

赴宴之前，陈永锵对堂妹说："今晚赴鸿门宴，你煮好面条，准备几包西洋参，我自己先睡一觉，吃饱睡足之后，才有底气，与他们周旋。"

如约到了宴会厅，台湾方面官员说："来一瓶蓝带。"陈永锵一点人数12个人，就说："来七瓶吧。"话一出，把台湾当局的官员吓了一跳，结果先来三瓶。

席上，陈永锵自己先将酒斟满杯，说："对不起，我们广东是酒满敬人，且敬酒不劝酒，听从尊便。" 说完一口喝下。

对方本想扯些有关政治的话题，陈永锵说："你们国民党当年不争气……"还未等他说完，对方表示："不说这些，太沉重了。"陈永锵接着回应："好，喝酒就说酒话得了。"

酒喝得差不多了，见台湾人还未倒下，陈永锵每喝一会儿，就跑到厕所，拉一泡尿，吃口人参，喝几口清水，又回来接着喝，一直到把对方喝得糊里糊涂。

宴会后，他们硬把陈永锵带去歌舞厅，要为陈永锵挑选坐台小姐。见陈永锵一个都没有看中，台湾人问："你是不是喜欢金丝猫？"说完，又带来了一个洋妞，见陈永锵无反应，台湾人知趣地说：“你是画家，对美要求高，太晚了，下次再来吧。”

第二天早上得知，台湾一个陪同人员，昨夜酒后驾车回家，把一辆奔驰车撞坏了。

陈永锵首次赴美，不知道与台湾人接触需要请示，一味的自然而然，但他知道自己没有被国民党灌倒。

如果仅仅是与台湾人吃饭喝酒，可能什么事也没有，这个世界上，好人坏人都要吃饭。但他在休斯敦侨教中心搞了一次画展，画展开幕时，陈永锵被安排到了孙中山的画像前照相，两边分别是星条旗与青天白日旗，并刊登在报纸上，陈永锵在美国的行为，引起了国家外交部门的关注。

既然来到美国，除了办画展，也要到美国各处走走看看。堂妹带他到大峡谷，途经拉斯维加斯赌城时，堂妹说：“锵哥，我们是兄妹，为了省钱，我们到了赌城就开一间酒店房住好了。”

开好酒店，吃完晚饭，堂妹说：“大佬，你先睡，我到赌城玩玩，碰下运气。”说完就走了。离家已经一个多月，一个男人在美国，今夜孤男寡女同居一室，实在不太好。想着，想着，就睡着了。

第二天早上，堂妹才打电话回来：“大佬，睡得好吗？下来吃早餐了。”

起来一看，堂妹的床铺丝毫未动过。

除了堂妹，还有一位胞弟陈永华，也是20世纪80年代初期移民到巴拿马。来到美国，巴拿马就在旁边，弟弟也想哥去看他一下。但陈永锵没有巴拿马的签证，抱着试一试的心态，他到了巴拿马驻美国大使馆，大使亲自接待了他：“你为什么到巴拿马？”

“巴拿马运河世界闻名，我要看看，我是画家。”陈永锵答得实在。

“那你在巴拿马有亲戚吗？”大使继续问。

有亲戚，就可能有移民的倾向，弟弟早在电话中告诉过他，不能实话实说，

1990 年陈永锵在美国。

否则拿不到签证。这次陈永锵讲了谎话，但他确实说不出口，就用世界语言摇了一下头。

大使与这位中国的艺术家交谈得很开心："这样吧，我给你介绍一位巴拿马的朋友，你到巴拿马后好有个照应。"说着，就写了一封信，正本留下，副本交给了陈永锵。

飞机降落巴拿马时，出机场海关，边检官员拿着陈永锵的护照，看了一下，就漫不经心地拿着护照，不停地敲打着桌子。旁边的华侨说："他想你给小费呢。"

陈永锵口袋里的钱，只有面值一百美元的，他舍不得给。猛然想起大使的信，于是掏出来递了上去。

边检官看了看信，然后把他带到了另一个房间，两个巴拿马官员打开一个大本，找到这封信的原件，和陈永锵的信对照了一下，确信无疑，突然变得热情起来，微笑着行礼与握手。

大使所说的朋友，原来是巴拿马的移民局局长，两位官员要把他亲自送到移民局局长的家里。

弟弟陈永华早到了机场，透过玻璃，看到哥哥半天不出来，担心哥哥是不是有什么事被人扣了。

两位官员拖着行李，带陈永锵走出安检口，弟弟陈永华手持科隆市长的名片向官员表示，受市长之托要接走陈永锵。

官员问陈永锵："您同意吗？"

"同意。"

上了弟弟的车，陈永华从裤兜里掏出了一把手枪，"扑"一声，放在了车头。

"巴拿马咁恐怖？"陈永锵疑惑地问弟弟。

"是咁样啦，车后厢还有把冲锋枪呢。"已经在巴拿马生活了八年的陈永华，早已习惯了持枪，漫不经心地答道。

陈永锵心想：移民异国有什么好？

巴拿马旅行结束，弟弟问他要不要拜访一下移民局局长先生，归心似箭的陈永锵说："算了，我又不打算移民，认识他也没有什么用。"

离开巴拿马后，陈永锵才觉得自己太失礼了，对不起那位热心的大使与未谋面的移民局局长。

三个月的美国之旅结束后，他回到广州，立即把自己在美国画展见报的报纸和杂志整理出来，交给了中国民主促进会广州委员会，陈永锵是这个组织的成员。处长曾光收到这些资料后，把它放进保险柜里，锁了起来。

在美国时，陈永锵知道自己私自接触台湾当局，惹了麻烦。广州画院的余书记曾打越洋电话提醒他："要注意言行，按时回国。不要被海外反动势力利用了。"

陈永锵笑着说："我40岁了，知道自己该怎样做人。如果我说过半句不利于祖国的话，你准备好逮捕证，我已经买好了机票，会依时回国。"

果然，没过多久，外交部与广州市委组织部派人到广州民主促进会，调查陈永锵的问题。

负责接待的曾光处长说："什么都别说，你们先看这些资料，这是陈永锵交给组织的。"

调查人员看完资料后，问曾光处长："你对陈永锵的问题，怎么看？"

曾光处长说了三点个人的意见。"一、陈永锵是以私人的身份出访，不是代表组织出访；二、陈永锵是个艺术家，不是政治家，不能用政治家的要求要求他；三、陈永锵在美国的表现做到了一些我们无法在美国做到的事。他有些事做得不妥，但我个人认为没有问题。"

经过调查核实，陈永锵终于从政治的漩涡里解放出来，这才有1991年出任广州市文化局副局长的可能。

访美之行风平浪静之后，文化局的党组李书记找他谈话，陈永锵说："那些人都是傻的，给我准备房子有什么用？画家都好色，他们怎不用美人计来试试啊。不过，我会将计就计，我带回来参加社会主义建设。"说完不由自主地

1991 年陈永锵与弟弟陈永华在巴拿马。

笑了起来。

李书记说："看你，政治上还是不成熟。"

政治上的不成熟再次表现在陈永锵当文化局副局长时，当团长带领广东音乐曲艺团到英国利物浦皇家音乐厅访问。演出结束后，当地酷爱广东音乐的华侨想购买演出的乐器收藏，请示陈永锵。陈永锵经了解后认为，把这些乐器带回广州，运费要四万港元，而这些乐器可以在广州买回，为国家节约运费。又能满足同胞们的心愿，于公于私都只有利而无弊，何乐而不为？这件事可以按实际情况，由当事人自己负责处理。

回国后，全团悄悄补齐卖掉的乐器，以全新的乐器作了汇报演出。

这是陈永锵第一次率团出国访问演出，一抵达英国，他召开会议对大家说："这里就是英国了，大家心底有什么打算我不知道，也不可能知道。如果有谁想离团出走的，我想管也管不住，反正我是绝不会的。但我诚意恳请诸位，做人应似个人样，当演员也有职业操守——不欺台。我们必须出色地完成演出任务！护照是保护出国公民的护身符，所以大家都要自己保管好。" 陈永锵没有执行护照集中保管的规定，说完就把护照发给了大家。尽管此前许多出国团队都有人溜号，但陈永锵带的这个团，没有一个人出走。

陈永锵说："予人信任，很重要。" 他就是这样对待朋友与部下的。

卖乐器、发护照这件事发生在 1993 年春天，大家一直藏在心里，也不知是错还是对，好多年都没有人敢说出来。

错与对，都不是绝对的，有些事，真的需要时间验证。

1995 年陈永锵在法国。

1993 年陈永锵与关山月、黎雄才、杨善深在香港。

19 官越当越大

政治上不成熟，也从无官梦与官瘾的陈永锵，却官运亨通，官也越当越大。1991 年年底，经组织推荐，他被任命为广州市文化局副局长。

当初，市委统战部的领导司徒梅芳找他谈话时，他也百般推辞，觉得自己不是当官的料，只懂画画。后来在珠海市开省美协的会议时，珠海市委书记梁广大主动约见了陈永锵，梁广大在南海县当县委书记时，就认识陈永锵。这次梁广大语重心长地说：“阿锵，我也是农民出身，如果不是遇上好时代，也当不了市级领导。人能遇上一个为国家效力的机遇不容易。既然是需要，又是可能，你就去干一干吧，就当去体验生活嘛。”

“我真的不行啊，你很了解我只是个画家嘛。”陈永锵实在觉得自己当官真的不行。

“有你这句话就行了，当了领导，重要的是要知道自己是谁。不要飘飘然，忘乎所以。”梁广大鼓励他去干干，还可以体验生活。

陈永锵接到副局长任命的那天，下班回家，一进门就对老婆阿娟说：“我当副局长了，你叫我一声陈局长来听听，看是什么感觉。”

老婆不信，看到市长签名的委任书后说：“去去去，就算是，我也不会叫，不要做个贪官让我难受就好，看你别兔子尾巴长不了。”

阿娟取笑自己的丈夫当官，充其量是戏剧中贴白鼻的可笑庸官，她从未有丁点官太太的感觉。

第二天，陈永锵到市文化局上班，刚到门口就被值班的老大姐拦住："你去哪？"

"来上班。"

"哪个部门的？"

陈永锵尴尬地说："我是副局长。" 他真的不知副局长属于哪个部门。

值班的老大姐看了他一眼，说："你是副局长？没见过。你是来找副局长的吧？四楼。"接着还轻轻说了句："神经病。"

陈永锵就这样进了文化局的大门。

不过，陈永锵在讲述为官这段经历时，只是简单一句："到官场旅游了一次。"打发了我。

经我多方采访，陈永锵在文化局副局长任上，至少有两件事应该记上一笔。

第一件是筹建第二第三届中国艺术博览会，这个由文化部办公厅与广州市人民政府共同主办的文化盛会。继而又创办了广州国际艺术博览会。从 1994 年起每年一届，办到至今，有力地培育了中国文化市场，促进了中国文化市场的发展和繁荣。陈永锵担任了多届的艺术总监，这点功不可没。当时的一些报刊甚至称他为"中国艺术市场的教父" ，文章至今还留在网络上。

第二件是他参与了"广州市教育基金会"的创办与慈善活动，举办个人画展筹集了 30 万元，创办了广州市教育基金会少年教育促进会并任会长。

一名叫查理的番禺区警察，当年刚刚参加公安工作，花了一千元买了陈永锵一张画，支持教育基金，后来他成为陈永锵的好友。

我是在番禺陈永锵的画室遇到这位警察的，说起陈永锵，他连声称赞，后来还陪同陈永锵到广州槎头"落红岛"女子劳教所进行过帮教活动。

这件事非常有趣，陈永锵是个非常喜欢说话神侃的人，遇到知己的人，如果是喝了一点酒，他会滔滔不绝地讲，还不许别人插嘴。但到了女子劳教所，市司法局局长杨敬恭请陈永锵致词，他在主席台上，一时不知道怎样称呼台下这些人，他请教杨局长，局长说："学员们。"于是就只说了一句话："学员们，我们希望能高墙外见！我讲完了。"

女学员中，响起了热烈的掌声和轻轻的抽泣声。

这一年刚好是鸡年，讲话结束后，陈永锵应约进行绘画表演，拿起笔来，陈永锵不经意地画了一只大雄鸡。在场的狱警觉得尴尬，劳教所的很多女孩子都是因为卖淫被劳教的，陈永锵来帮教，居然画一只鸡，这不是让人难堪吗？一名在场的记者还认真地问陈永锵："这画有什么寓意？"

鸡画好之后，场面一片安静，陈永锵也有点不安，看看自己画的鸡，又看看台下的女子，才恍然大悟。但又不能说自己画得不好，撕了重来，这样会更伤她们的心。自称"聪明如我"的陈永锵有天灵之帮助，让他想起了雄鸡唱早司晨的诗意，便从容题上了司晨两字，然后对大家说："噩梦醒来是早晨。"

安静中再次爆发出雷鸣般的掌声。

哪个待在黑暗中的生命，不盼望听到鸡啼，迎接黎明的到来？

在严肃而又谨慎的官场，陈永锵绝对是一个另类，每次到基层讲话，都有好心人提醒他，要注意分寸。对这样好心的劝告，他也表示虚心接受，就是改不了，依旧我行我素。因为他同意鲁迅的说法："从喷泉里出来的都是水，从血管流出的都是血。"语出心源，错不到哪里去。

刚刚当副局长时，在与群众见面的就职演说中，他就公开向大家说："我陈永锵不是当官的料，我的优点是重感情讲道义，缺点是容易感情用事，请大家提高警惕。"

有这样当官的吗？

工作认真负责，但一回到办公室，又与同僚开玩笑了。如果有人打电话到

村居庭趣　壬辰年　陈永锵

文化局找陈局，碰到陈永锵接电话，他准会问你：“你是找公的陈局还是母的陈局？”搞得对方莫名其妙。局里还有一位副局长，也姓陈，名玉环。

了解陈永锵的人知道他是在开玩笑，不了解他的人觉得他有些轻浮。但陈永锵当副局长这几年，常常是西装领带，穿得整整齐齐，知道自己能力有限，从不敢马虎。没有人知道，一个知识分子当官，内心是怎样的如履薄冰。

陈永锵心里老唠叨：“权力于我，是一把容易走火的枪。”

1994 年陈永锵在陇上葵花园。

20 泼墨洛阳

这回，在河南洛阳，陈永锵就出了一次洋相。

1994 年春天，广州市副市长戴治国与鸣泉居的领导和陈永锵几个人，应邀参加河南洛阳市牡丹文化节。

戴市长是洛阳人，他与洛阳市的一些领导应邀到一位当地的企业家的别墅参加晚宴，陈永锵等人同行。

当天中午陈永锵已经在一个宴会上喝足了杜康酒，早不止是微醺了。下午还参加了一个笔会。笔会的现场有位台湾画家，吹嘘自己是鹰王，陈永锵最讨厌装腔作势的人，气不打一处来，加上在场的人一再怂恿，陈永锵举笔挥毫，画了一幅展翅盘旋的雄鹰，然后转身请教“鹰王”，台湾画家看了陈永锵的画后，不好意思地致了歉。

晚宴上，陈永锵频频举杯，并在钢琴《四只小天鹅》的伴奏中跳了段他原创的一只老烧鹅舞，弄得大家都很乐。宴会主人兴奋起来，未经陈永锵同意便拉着醉醺醺的陈永锵摇摇晃晃地走到了事先准备好的画台前，请他在大幅宣纸上作画。身有傲骨的陈永锵心有不悦，让人将墨汁倒得满满，然后选一支最大的毛笔，在宣纸上纵横乱抹，接着又将电视机的屏幕全部涂黑，水墨汁横飞，搞得宾客与美女都失色，纷纷躲闪起来。

第二天醒来，陈永锵见好几位代表团的同事站在他的床前，谁都没有说话，只是望着他笑。他想问昨晚的画画得怎么样，他是怎么回到宾馆的，但没有开口。

从众人的描述中，陈永锵得知，自己昨晚喝醉了，被负责保卫的武警战士扶回了宾馆。

一听是武警，他顿时眼睛瞪大了，知道自己闯了祸，得罪了热情的洛阳人民，马上向团长戴治国检讨。

戴市长说："检讨就不用了，今后不能喝太多的酒，误了事。"

"那我画一张画，送给昨晚的主人，赔个不是，行吗？"陈永锵像在检讨，也像在请示。

"洛阳人能接受昨晚你表现出的真性情，接待方很高兴，他们不是非要你画画不可，如果你要画，那就送给我们好了。"

听了戴市长的话，他才放下心，决定今后一定要控制情绪，不再喝醉闹事。

陈永锵说得到，但他做不到，人是动物，酒可以控制，但情绪是不好控制的。从洛阳回到广州后不久，他参加《羊城晚报》组织的一个文化沙龙，就没有控制好自己的情绪，搞得这次沙龙草草收场。

文化沙龙上，一位正在发言的音乐家，讲得滔滔不绝，口水横飞，用陈永锵的话来说是"又臭又长"。陈永锵实在忍受不了这样漫长的自我吹嘘，一会儿出去抽烟，一会儿出去小便。来来回回几次后，加上来前喝了点小酒，实在憋不住，气冲冲地走上台去，夺过音乐家的话筒，指着卫生间的方向说："这位先生，你先去方便一下，现在是广告时间，广州国际艺术博览会 12 月 12 日在交易会开幕。现在，请大家休息。"搞得大家哄堂大笑。

陈永锵本来就是个"唛霸"，"唛霸"遇到"唛霸"就像狗咬狗，争吵在所难免。

当晚回家后，酒也醒了，突然觉得自己的行为有些过分，他连夜给主办方主持人吴琪瑯写了一封检讨信，愿意下次沙龙向音乐家当面道歉。

类似这样的检讨信，陈永锵写过不少，老婆阿娟手中就有一大叠，可就是改不了，性情这东西，还真不好控制。

后来在黄山，他还与安徽省美术家协会副主席王涛一起抢过一次话筒，来个二重唱。这样的事多了，陈永锵开始控制自己，场面太大的宴会，官多名人多的酒会，他就尽量不参加。

记得有一年到北京开会，研究中国艺术博览会的事宜，文化部的一位高官送他一本自己的画册，陈永锵打开翻了几页，心里暗暗地骂："这也叫艺术。"随手把书"放"到了地上，搞得在场的人都不知所措，只好说喝酒喝酒。

还有一次与姚蓉彬副市长开会，姚市长穿戴打扮得非常大方得体。陈永锵真情地赞美了一句："姚市长今天好靓啊。"但这样有礼貌的话，也被人警告不要乱说话。如果是一般人，也就忍了，但偏偏陈永锵觉得自己没错，他硬拉着那个人到姚市长面前对质。姚蓉彬说了一句："我今天确实靓。"才为两人解了围。

这样的人，这样的性格，哪个领导敢让他当一把手呢？

惠风和畅过家园　壬辰年　陈永锵

惠風和暢過家園

1985 年陈永锵与儿子陈志宏、陈志彦。

21 画一套房子

一个画家画得好不好，画卖得好不好也是一个标准，就艺术而言，画得好，不一定就卖得好，但卖得好，一定是画受到了市场的欢迎。

在岭南美术界，陈永锵是画卖得非常火爆的画家之一，胡润中国画家拍卖排行榜，他排名第66位。在广东的名家中，他排名第6位。不过陈永锵说："拍卖行卖多少钱，都与我无关，拍卖的画，全部是我卖给了别人，收藏者拿去拍卖的。"

陈永锵还未成名前，画并不好卖，画好了，别人喜欢，就直接送人了，就像在农村时自家种的青菜，谁喜欢就随便送。80年代初期，中国人还不富裕，吃饭都成问题，哪有多余的钱买画。

那个时候，即使他当了广州画院的院长，他的家也很穷，连三万元在番禺买一套105平方的商品房，都拿不出来，7000元的订金，向别人借了一大半。那时，为了画画卖钱买屋，他在一张纸上画了一百个格子，贴在墙上，每卖画得了三百元，就划掉一格，像幼儿园的孩子争小红旗一样。半年过去了，当他看到一百个格子被自己一笔又一笔地划掉，开心地放下笔，拿出了一支香烟。

没钱买房，就自己"画"出套房子来。

自己卖画，也帮画院的画家们卖画。陈永锵清楚地记得，有一次，他与张

1986 年陈永锵与小儿子陈志彦。

治安、王玉钰去香港，他一个人带着行李，还背着别的画家两幅装框了的油画，到香港交货，妻子送他到洲头咀码头时，见丈夫背着那么多的行李上船，像个民工，伤心地暗自流泪。

20 世纪 90 年代初期，陈永锵当上了广东美术家协会副主席、中国美术家协会理事后，到了不惑之年，画才慢慢好卖起来，房子也买了一个大套间，家里还装了高级音响，他一边听着轻音乐，一边品着茶，抽着烟，在轻歌曼舞的环境里画画。一张张宣纸，变成了一沓沓人民币，还有些变成了美元与港币。

记得去美国办画展时，他带去的 5000 美元，花了，却又还带回了几千美元。有一次，他与广州画院的画家有多幅画卖给一家房地产公司，对方付的是港币，他找了一位朋友换成了人民币，那幅画卖了多少钱，换成了人民币应该是多少，对数字不敏感的陈永锵与妻子邓翠娟下着蚊帐，在床上分了一个晚上的钱。钱虽然不是很多，但点来点去，心里很踏实。

更快乐的还有，他一次卖了 10 幅画，一千元一张，钱还未到手，他就非常豪气，在东山口东江盐焗鸡酒家与画家陈子毅吃完饭后，打的回家，下车时，他掏出了一张一百元，口气很大地说："不用找了。"司机被吓着了："大佬，是一百元啊？"

"我知。"喝醉的陈永锵本来是想给司机 50 元一张的人民币，打十多元的车，卖了画，有钱了，送多三十多元给司机当小费，在当时很正常。但话已经说出口，又不好意思收回来。看见司机还停车在那里不敢开走，他大声说了一句："屌，还不快走。"

司机才在迷惑不解中把车慢慢开走。

回到家里冲凉时，阿娟翻了他的钱包，问那一百元干什么去了。阿锵说："打的了。"

"那么贵？"

"就当给你弟弟了。"阿娟的弟弟正好开的士。锵哥说："不用吵，不用吵了，明天就会有人来买画，送钱上门还你了。"

果然，第二天一大早，门铃就“叮咚”地响个不停。又有人上门来买画了。

后来，搬了几次家，房子也越来越大，楼上楼下，电灯电话，门铃总是“叮咚叮咚”地响个不停。

事实上，锵哥并不是那么爱钱的人，更高兴别人喜欢他的画。每一次听到“叮咚”的门铃声，他都很兴奋，叫阿娟快点开门，不要怠慢了客人，要热情，不管客人买不买画，喜欢他的画就是好事。也可能是一种条件反射，锵哥一听到“叮咚”的声音，就知道有人喜欢他的画了。

而邓翠娟却不同，她觉得有些画，是多少钱都不能卖的，比如那幅小白菜，她就藏得严严实实，别人出多少钱她都不肯卖。

在买番禺某花园的房子时，也是钱不够，交了几万元订金之后，正在签购买合同时，名还未签完，手机就响起了，又是一个买画的。

锵哥在讲述卖画的快乐心情时，还高兴地站起来，伸出右手食指，表演了按门铃的动作，嘴里不停地发出“叮咚叮咚”的声音。听得出这是发自内心的声音，清脆而悦耳。

听得出，这是一个画家被社会认可的自豪，已经与钱无关。

说完了，他还幽默了一句：“我的画现在贵得我也买不起了。”

有了钱，生活也没有太大的变化，吃的穿的用的，依然是一直喜欢的东西，也花不了几个钱，幸福就是一碗牛腩面。倒是儿子陈志彦大手大脚起来。有一次陈志彦到欧洲考察旅行，觉得父亲一直没有戴过名表，与他的身份严重不配，就花了八万多元买了一只名表回来，送给父亲。接过儿子送的礼物，锵哥高高兴兴地戴在手上，逢人就说这是儿子送的礼物。一天，一个玩手表的朋友吃惊地说：“ 啊，锵哥，你戴名表了？八万元一只啊，要是戴上街，小偷看见了，要斩手的。”

锵哥知道这表那么贵后，越戴越觉得不舒服，没有几天，就还给了他那喜欢玩名牌的儿子。

1990 年邓翠娟与两个儿子在一起。

2003 年的全家福。

1998 年陈永锵辞官后留起了胡子。

22 辞官安心画画

从 1988年当广州画院院长开始，到当市文化局副局长、市文联常务副主席，陈永锵已经在官场“旅行”了整整十年。

有一件事促成了陈永锵辞官专心画画的念头。

有一年，广州举办中国市长艺术博览会，全国许多市长都来了，到了晚宴时，市政府还未确定派哪位市领导出席。陈永锵给市政府办公室电话汇报，要请个市级领导来见客人，结果被训了一通，说没走好程序。当晚拉萨市的领导来了，拉萨市的秘书长白珍上台唱歌，可没有伴奏碟，陈永锵就上台用“忠字舞”改版伴舞，下了台还受到一个广州官员的批评。

次日，拉萨市的领导专程到陈永锵的家，说他们在广州感到热情的是他，并将准备送广州市政府的一尊佛像送给了陈永锵。

广州市的“失敬”也许因为陈永锵，但他总觉得自己再怎么错，广州市也不应对来到自己家门的客人失礼。

好在当天晚上，姚蓉彬副市长还是在百忙中抽空来了，宴会上，姚蓉彬还是善意批评了一下，语气中夹带着对部下的关爱。

陈永锵生气的是，客人是以市长协会的名义邀请的，又不是他自己请的。“客人都来到门口了，真情都不能。有什么事我们内部关起门来解决，接待了客人再说吧。”陈永锵愤愤不平。

当晚回到家里，陈永锵一见妻子就说：“有什么东西可以砸？我很生气，这屌官我不当了。”

这样的情景，阿娟经历多了，看也不看就说：“你随便。”

陈永锵挑了个杯子，砸向了玻璃门，杯子破了，玻璃门也裂了。

在妻子的眼中一直胆小怕事的陈永锵，这回表现出男子汉的气概，让妻子刮目相看。

每年的广州艺博会，陈永锵都忙得“像狗一样”。这是他不经意说出的一句话。

谈及官场的经历，陈永锵总是小心翼翼，不愿伤害别人。他说得最多的是曾国藩的一句话：做人要像个人样，做官千万不要太像官样。他说过：“做官的唯一好处，只是放行自己的良知。”

当初在广州画院当院长时，大楼竣工后，为了节约开支，老婆邓翠娟带着小姨子等一群亲戚来搞卫生清洁，分文不收，也没有谁说过一句好话。他请企业赞助了一批沙发，自己一个人一张张地扛到办公室，也没有一个人来帮手。只是一个画家经过时，说了一句“院长，下班了还在忙啊”，便匆匆下楼了。

都说画家清高，陈永锵也是画家啊。

意识到自己不合适官场生态，陈永锵在文联常务副主席的任上，连续给时任广州市委常委、市委宣传部部长的朱小丹写了多封辞职信，论自己为什么不能做官。为了解决陈永锵的问题，1998 年朱小丹专程到市文联召开会议，研究工作。朱小丹对大家说：“陈永锵主席的工作，有人能代替，但陈永锵画画，别人代替不了。”

就这样，陈永锵保留兼职副主席身份，不再分管具体的行政事务。从 1998 年至今，他又专心致志地画了 15 年。

广州白云会展中心建好后，大厅要一幅 120 平方尺的画，广州市委书记朱小丹说要陈永锵来画。陈永锵说："我是市里培养的画家，还领着国家俸禄，得感恩，一分钱都不要。"这幅巨型画，他躲在恩平的乡下画舍，夜以继日，足足画了一个星期。而今，十多年过去了，这幅鲜艳的红棉花，还挂在大厅里，常开不败。

当一个人的工作不能表达自己的内心世界时，离开是一种明智的选择。然而，我们很多人习惯了既得利益，不敢轻易地放弃，也就很难实现自己的人生目标了。

采访时，陈永锵沾沾自喜地告诉我："如果当初不辞职，我现在最多只是一个老干部画家，画只能送人。"

知止与知耻，是人生的大智慧。但陈永锵却这样自嘲："生相属鼠、胆小，双子星座、性格急躁、花心，AB 型血、神经质，不合适做官。"这话说起来容易，做起来难，陈永锵在 15 年前就做到了。他能有今天的成就，与昨天的决定有关，他有理由兴高采烈，甚至飘飘然。

而他只平静地说："适可而止。"

早春　壬辰年　陈永锵

早春
壬辰 陈永锵

丁

锵哥

1998—

翻飞未肯下 犹言忆故林 乙酉年 陈永锵

23 罗浮山修道：大地化解了世上的一切死亡

1998年，50岁的时候，陈永锵突然觉得人生40至60岁阶段非常重要，自己当了十年的官，失去了许多自己。这段时间，他写过多次请辞信，但都没有结果，市委组织部刘青云部长找他谈话：“你是民主党派的干部，干得很好，政绩也不错，又没犯什么错误，还是好好干吧。”

“再不让我辞职，我就犯一个美丽的错误。”

“千万不要乱来。”刘部长知道文化部门的领导，管理着好几个文艺演出团体，女演员多，犯一个美丽的错误太容易了，便语重心长地提醒他。

最后在朱小丹的关心之下，陈永锵才辞去广州市文联常务副主席的职务。

人生50岁，作为儿子、丈夫、父亲多重角色，加上十年繁重的行政事务，陈永锵觉得人生好累，想放下世俗中的一切，无牵无挂地出家当和尚或道士，云游四海。好在有生之年体会一下来去无牵挂的人生，做个自然人。

辞了官，回到家里，他非常认真地对妻子邓翠娟说：“我们协议离婚吧？我什么都不要，所有的钱、房子、画都留给你，陈永锵这个名我也不要了，我要出家当和尚。”

“你这条友，是不是在外面有女人了，脱不了身，用这条诡计来骗我？”邓翠娟觉得老公今天不对劲，生气也没用，平静地说：“我们结婚时，什么也没有，我什么都不要，只要裸身的陈永锵这个人。”

已经起好了一系列道名：疏堂居士、西樵山人、二樵山人、南海渔夫等，准备云游大山名川时，妻子坚决反对，陈永锵最后也软下来，他知道自己既然是这个家庭的缔造者，就应是捍卫者。明白这个道理之后，专心在家里画画。

画了几年，这种走出去清净一下的想法再次萌生，经一位香港朋友的引荐，2002 年 4 月 16 日，他一个人上了惠州罗浮山黄龙古观小住。

黄龙古观位于罗浮山西南麓，玉女峰之下，是罗浮山著名的十八洞天奇景之一。为葛洪西庵故址，又是南汉王刘岩所建天华宫的所在地。清代康熙年间，冲虚观道士张妙升到黄龙洞开创了崂山派的独立道场并取名为黄龙观。

每天凌晨五点起床，听晨钟听道士诵经，然后一个人到大树下、小溪边读书。他在这里通读了一遍《中国哲学史》，还系统地阅读了道学的书籍。

通过大量的阅读，陈永锵明白了道家学说与道教的不同。道家学说是一门理论，道教是一种宗教组织的名称。

“道可道，非常道。”道学强调遵循自然规律，从这些规律中寻找人生的智慧。陈永锵举例说：“人们普遍认为大自然风调雨顺就是好，暴风骤雨就是不好，如果人为地搞风搞雨，违反了自然规律，就更加不好。”

道教讲现世报，佛教讲来世报。每个宗教都有存在的理由。但佛说的“万法皆空，因果不空”是绝对的真理。

在罗浮山黄龙观，戒斋时戒斋、开斋时开斋，吃的东西不太在乎，很随意，但坚决不近女色，老婆有时来探下风，见他还正常，下午五点就下山回广州了。

放下了世俗的一切，有时间与自己的心灵对话，知道了这辈子，自己只做什么了。

清净与孤独，是艺术创造力的源泉。怪不得西方早期的艺术家，大都隐居山林，遗世独立。

除了阅读，“疏堂居士”还经常到山涧闲转，带着速写本，画一下树、画

2003 年陈永锵与母亲李坤强。

一下小溪。在罗浮山的山谷里，他画了很多从石缝里生长出来的树头仔，感叹生命的坚毅与不可思议。

一点露水、一点泥土、一点阳光，就能活着，其他什么都不需要。

罗浮山灌木丛生、落叶层层，枯木残枝，慢慢腐朽在大山里，山上偶尔还能看到坟地与残屋，大地以博大的胸怀，收留与化解了世上的一切死亡……

陈永锵终于看到了生命的倔强与死亡的坦然。

有一天，一位云游到黄龙观的女道士要见陈永锵。为了这次见面，陈永锵洗了澡，换上了干净的衣服，修饰一番后，跟着一位道姑，走了好长的一段阶梯，拾级而上，见到了女大师。道士道姑们都行了个跪拜礼，陈永锵只站着行了道教的手礼。

“听说你是个大画家，做出了很大的功绩。今后要吃斋，不要吃动物的肉，动物也是生命，吃多了就会造孽，要多吃青菜。”女大师开口说话。

“我是凡人，随俗随缘，适量就好。”陈永锵随意而答。

一花一草总关情。在陈永锵的世界里，青菜是生命，竹笋也是生命，如果所有的“生命”人类都不吃，那人吃什么？

陈永锵觉得无法与女大师继续交谈下去，便礼辞了。

不杀生，陈永锵是坚决支持的。七岁时，他就看过人杀牛。屠夫背后藏着一把尖刀，左手轻轻地抚摸着牛的头颅，装作很疼爱的样子。牛可能闻到了血腥味，意识到死亡的来临，“手没寸铁”的牛，眼里含着眼泪，哞哞地叫着。当牛的情绪被抚摸得稍微稳定一些，屠夫一刀下去，牛扑一声倒地。这个残忍的镜头，60 多年来，反反复复地出现在他的脑海，挥之不去。他曾经发出“人类最残忍”的感叹。但在现实世界中生活太久了，灯红酒绿，他的心有时也变得坚硬如铁。本来，他是可以坐下来，好好与女大师谈谈，听听别人的声音，是否也藏着人类的某些智慧。但这次他走了，觉得话不投机。

陈永锵认为：“人重要的是来由心性的自悟，而不是昏昏然地听说教。”

人的每一次情绪爆发，或慈悲或愤怒，都是由不同的文化冲突引发的，它构成了生命的多样性。陈永锵不是圣人，当然也不例外。他在罗浮山上待了一个月之后，5 月 16 日，还是选择下山了。

对于每个人来说，修炼是一辈子的事，不一定都是在山上。

有时入俗，比出世更难。

百代深山 丁亥年 陈永锵

陈永锵非常喜欢郁达夫这副对联。

24 学习蒲公英飞的策略

邓翠娟有一次买菜回来，路过一家废品收购站，发现老公陈永锵的一本画册被人当废品卖掉了。

回到家里，娟姐对锵哥说“以后不要再送那么多画册了，免得让人当垃圾。”

一本书的命运，与一个人的命运一样，从诞生的那一刻起，就意味着走向死亡。不过，有时一本书的寿命往往会比一个人的寿命长，锵哥觉得这样的结果，很正常。

他举例说：“抽了一支烟，烟头丢掉了，当垃圾扫出门，它到哪里去了，我也管不着。但管环卫的副市长知道，埋在了花都 38 号垃圾坑。广州火葬场每年要处理四万多个死人的尸体，这是广州正常死亡和各种非正常死亡一年的数字。如果一次死那么多人，那一定是天灾人祸，出大事了。”

一本画册的“死亡”，在与生命消失的对比之下，显得微不足道。

陈永锵在 40 多年前就接触了死亡。路边陈村有一个孤寡老人病逝了，谁都不敢接近，是陈永锵帮他理了头发、抹了身体，穿上寿衣，与几个年轻人一起把他安葬了。一个人的死亡，就如同秋天里的一片叶子，从树上枯萎了，飘落大地。

在南海工艺厂上班时，办公室外面也是一块坟地，每逢刮风下雨，山洪暴发，坟土被冲掉，尸骨头就会裸露出地面，好久都没有人来处理，那些不知是哪个朝代的孤魂野鬼，就会久久“站”在窗外……

在这样的环境中绘画，生命的感慨自然会“滴落”在纸上。

人不过是一朵蒲公英，飘到那里，或生或死，画家的画册与画也一样，在陈永锵看来，不足为奇。

人类总是希望通过思想艺术来超越死亡。思想艺术可以引导人类的未来，但在现实生活中往往是无力的。只有行动，只有不停地画，画家才有可能在历史长河中留下片言只语。有了这样的生命观与艺术观，陈永锵在谈自己的作品时，这样说：“我作品的生命是我赋予的，但作品的生命历程只能靠作品自身的魅力和际遇。我的画就像蒲公英，飘到哪里算哪里。一幅画，画完之后，盖上印章，就是身外物了，不存在哪幅可以卖，哪幅不可以卖。每幅画都是我的孩子，但生得太多了，没法一一抚养，让别人养去，这样也挺好。”

人类通过不断地繁殖，有效地超越了集体死亡，与天地一样长久。没有生命这个主体的认知，所有的文化艺术都是个零。

“多子多福”是中国农耕社会的现实写照。同样的道理，一位画家的作品多，收藏的人多，知名度也就越来越高，价格也就越走越高。张大千、齐白石、启功等人就因为生前作品太多，受益的人多，才经久不衰。

这种现象，陈永锵把它解读为“蒲公英的生存策略”。他说：“我是个画家，又不懂打麻将，也没有什么别的爱好消磨时间，就是喜欢画画，但绝不是为了要卖钱而画，有人买我的画，就等于送钱来赞助给我练习画画，何乐而不为？”

说这番话时，陈永锵哈哈大笑。

我个人认为，陈永锵不但是一位画家，而且还是一位思想者，他对时间与死亡非常敏感，但又不忌讳谈死亡。他重视行动，与劳动模范一样勤奋画画，是想让自己的画像蒲公英一样，飞进普通老百姓的家。虽然陈永锵自己没有刻

地义天恩 丁亥年 陈永锵

意这样想，他只是在画画的过程中享受到自由与快乐。

古人云：“水有源，故其流不穷；木有根，故其生不穷。”当别人在修剪艺术的叶子时，陈永锵早已把种子播向大地、把根扎进深深的泥土。

大南瓜 陈永锵

25 酒壮狗胆，路遇不爽打一架

陈永锵嗜酒在广州文化圈是出了名的。刚开始有什么酒就喝什么酒，后来生活好了，偏爱喝蓝带酒。

说他喝多了会发酒疯，可在长达半年多的采访中，我倒没有碰到过。不过，他喝起酒来，话确实很多，诗一句接一句，也不知道他怎么会记得那么多以前写过的诗，还能一字不漏地背出来。

他说："是酒灌出来的。"怪不得古人说：有酒时学仙，没酒时学佛。

早在1975年，南海县工艺厂请中山市的裱画师傅伍权之来厂里传授裱画技术，陈永锵负责接待与陪同。伍师傅带来了几瓶"伏牛酒"，硬要陈永锵陪他喝。伍师傅说："我要种大你这棵酒树，将来有好酒喝。阿锵啊，你不知道，喝完酒后，世界大很多，胆子也大好多，就是看你老婆阿娟，也漂亮好多。不信你就试一试。"

阿锵对"老婆不够漂亮"一直耿耿于怀。他少年时代的选偶标准是将来娶一位音乐老师，会唱女高音，还会弹钢琴，他在歌声琴声中绘画。但在现实中他娶了阿娟之后，少年时的憧憬早已烟消云散……

回到西樵之后，逢年过节他也喝酒，那是为节日助兴，与三五好友喝点小酒，多少也有点借酒消愁的意思。至于喝了酒，看老婆漂亮多了，他倒没有试过，也不知要喝到什么程度，才会出现这种效果。

那一晚，他与伍师傅喝得酩酊大醉，很快就进入周公的世界，早已忘记了酒后看一下老婆。

从这以后，酒喝得越来越多，酒也越来越高级。现在，陈永锵除了早餐之外，餐餐必喝，一倒就是满杯。至于饭，吃不吃都无所谓了。两个小孙子都劝他："爷爷不要喝那么多酒。"陈永锵就说："XO是爷爷的维生素。"

现在，说起酒来，陈永锵可以一口气讲出很多大道理："酒壮英雄胆，喝了酒，可以说很多豪言壮语，卖弄一下自己的才情。风雨一杯酒，江山万里心，多有豪气。"

他说：人的眼睛藏不下一粒沙子，但人的心可以装下整个世界。

不过，酒喝多了，胆子也壮得太大。

他当副局长时，到南方大厦参加联欢会，物是人非，触景生情，那天中午他喝了好多酒，与司机肥仔全到停车场取车时，因走路与人发生撞碰，陈永锵豪情万丈，挥拳出击，被人打成了"熊猫眼"，好在有肥仔全的协助，才结束了这场战斗。

在广州市副局级干部中，敢在广州街头打架的，可能只有酒仙陈永锵。

下午，他参加了市税务局一个会议，讨论艺博会画家作品交易的税率问题，因"熊猫"出场，大家好奇地盯着他的眼睛看，非常认真地听他的发言，结果"熊"到功成，税务局对画家网开一面。

酒醒了，他也知道打架不好，回家后骗老婆说不小心碰到的。

陈永锵酒后写字或绘画，常常有神来之笔。他的妻子甚至能从画面上判断出，哪一张画是他酒后画的。妻子反对他喝酒，常常说他酒后画的画不好，要他"相信群众的眼光是雪亮的"。

我个人倒是觉得，陈永锵酒后画的大写意花鸟画，自然流露，浑然天成，真的有神来之笔，而且不可以复制，倒是收藏的上品。

古希腊酒神狄俄尼索斯，他走到哪儿，乐声、歌声、狂饮就跟到哪儿。人只有与自然宇宙万物融为一体时，才能感受到快乐，这是“酒神”“狂欢”的根本含义。通过酒打开身体的约束，达到醉的状态，写出千古名句，在中国也有。我不知道酒对大脑的刺激是物理性的还是化学性的？但我常常看到醉酒的人，走路飘飘，极度逍遥，像疯子一样，再也没有世俗的约束。难道没有世俗的约束，艺术的创造力就会释放？

当然，我们不能为了得到他的“神来之笔”，就怂恿他无节制地喝酒，酒喝多了，毕竟对身体有伤害。

一次酒后，他还玩起了“穿越”。

在从化市开会，喝了很多当地的酒，大画家在，当地的艺术界人士、官员都来了，一个人一杯，喝得差不多了，又来了一群人。锵哥在酒桌上平等待人，谁敬酒都喝，不分身份、不分官职，一律干杯。

宴会结束后，司机把他送到了深圳，当天晚上，他要赶去香港，见美术评论家陈修明。

在深圳哪里下的车，怎样过海关的，坐什么车从红磡到了铜锣湾陈修明的楼下，如何按电梯上到 9 楼，他都完全不知道。当他坐在陈修明办公室客厅的沙发时，还在酒醉状态中。

坐下后，陈修明的妻子给他泡了一杯热茶，他喝了一口后，惊奇地站起来：“我怎么站在这儿？我记得我是在从化开会啊。”

酒醒后，他连忙找港澳通行证、钱包、行李，发现都在，才放下心来。

回到广州后，他把这次神奇的穿越告诉了妻子。最后还不忘幽默一下：“糊糊涂涂之中，幸好没有被美女乱了方寸。”

从这以后，家人怕他酒后出事，他身边多了一位男助手。

不过，有了男助手之后，也没有了后顾之忧，喝得更放开。有时到酒店吃饭，喝多了，就用毛笔在墙上直接写诗，或在点菜的结算单上直接批示："买单，走人。"才情表现得淋漓尽致。

"如果酒后失言得罪了哪位朋友，请多多包涵。"谈到喝酒时，锵哥希望我把这句话写上，向他酒后伤害过的人真诚地道歉。

2014 年春节前夕，国家画院与茅台酒集团合作，选择中国三十六个著名的画家出个人专用酒，广东的画家只有陈永锵名列其中。当天深夜，陈永锵专用茅台酒从贵州运到广州他住的小区。一车的酒要搬进院子里，三更半夜找不到搬运工。陈永锵求助于小区的保安队长，保安队长带人一看是一车茅台酒："只见过老板买一两瓶的，还没有见过一车的。好，我找人帮你搬，送一瓶来尝尝。"

打开车门，看到一车的茅台酒，陈永锵的金黄色包装，陈永锵觉得自己能与中国百年名牌茅台酒的名字联系上，比获什么奖都高兴。保安搬完酒后，陈永锵送了他们一箱："让兄弟们好好喝，但别喝醉了。"

保安队长高兴得跳了起来。

陈永锵的爷爷陈寿龄也是个酒仙，他为酒铺写招牌，终生有米酒喝。孙子陈永锵，因为画画出名，喝上了自己的专用茅台酒。

今后，清明扫墓，陈永锵说要带上自己的茅台酒去敬一下祖先。

2003 年陈永锵与孩子一起玩。

小白菜　陈永锵

26 一把小白菜背后的故事

2013年9月25日下午，我到陈永锵在番禺的家采访，晚上吃饭时，在他家一楼餐厅的重要位置挂着一幅放大的1970年3月22日的结婚照，陈永锵介绍说，把照片放大挂在饭桌边，宣示他是这个家的缔造者，就是捍卫者。

此外，还有一张小白菜画引起了我的注意。

这幅画的画名直接叫“白菜”，是一把洗得干干净净的小白菜，有一束稻草扎着，没有一点泥，但新鲜得带着泥土的气息。

我无法读出画外之音，非常困惑。分别采访了锵哥与娟姐，请他俩谈谈这幅画的创作经过。

邓翠娟说：“我与阿锵很小的时候就认识，啱倾，后来就在一起了。伯父希望我早结婚，早生仔，先享福。20岁就从下乡知青到增城县中新公社迳头大队第七生产队嫁到了西樵。为了生活好些，我在自留地里种菜，我很认真地向农民、农艺师学习，把要点都记在笔记本上。所以我种的菜一般都比农民的好，通常也大些。每一次收菜都是我们家的重要节日，我们夫妻早上四五点钟就起床了，把菜收割好了，到河里洗干净，再用稻草一把一把绑好，先送给左邻右舍，然后再挑到镇里卖。”

“菜种得好，阿锵也有功劳。每天早上五点，我们就早早起床担水淋菜。

阿锵是画画的，他把田野当成画纸，每一次播菜种，阿锵都播得非常均匀，等距相当，一行一行。后来农民见我家的菜种得靓，也请阿锵去播种。”

40年后，娟姐回忆起这段经历，说得慢条斯理、细声细气，看不出高兴，也看不出痛苦，好像在说别人的故事。

陈永锵的表述却不同，他总是充满激情，哪怕是过去的伤感与苦难，他说起来总是充满了诗情画意。

陈永锵说：“阿娟种的菜我们家吃不完，总是叫我挑到镇上卖。我去卖菜，还带上速写本，东看看，西望望，画着画着，就忘记卖菜了。有时是我的那些徒弟见我在写生，就大声帮着叫卖，帮我把菜卖了。我卖了那么多年的菜，还不懂秤。每次称菜时，我都说：我不骗你，多少斤你自己看吧。说完就把秤与菜提到客人的面前。他说是多少，我就收多少钱。真的是聪明如我。”

说完，锵哥显得很得意。

“有一年，我们家种的菜大丰收。我与阿娟挑到收购站去卖，为了菜卖得好，我们夫妇早上四点钟就起床了，我们把收割的菜一棵一棵地在河里洗得干干净净，一把一把地绑好了。但挑到收菜站，那收购员一点都不给面子，说：水太多，然后随手拿出一把菜，当着我们的面扒开，发现有一片枯叶。不行，一把一把扒开，挑出枯叶，再来。面对强势，我们只好忍气吞声，两担菜，一把又一把地拆了，一棵一棵地拾，又一把一把地绑好……还误了当天生产队的劳动，没有记上工分。”

“多年之后，我考上了研究生，穿上香港朋友送的大衣，站在渡船甲板上回西樵，恰巧又见到当年那个收菜的人，他先发制人：听说你考上了研究生了，现在威风了？”

陈永锵带着点报复的心态得意地说：“都是得福于你。”

“哪里，哪里。” 那人不解话中音。

“没有你的欺凌，哪里有我的振作。”

当年使用的搓衣板与洗衣盆

美术作品与音乐作品一样，是一种世界性的视觉与听觉语音，不需要任何解读，作品作为作者的儿子，血脉已经融入其中，作者本身的生活感情有多深，作品的内涵就有多深。

我们每个人，都是感受艺术的主体，不同的生活经历和角度，对作品的理解也就不同，这里我举一个发生在陈永锵家的例子，也许大家读后会有某些启示。

2008年，陈永锵的大儿子陈志宏从西樵老家带回了一批旧时的物品，其中有一块木质洗衣板。这块洗衣板，记载着他童年的温暖，他年少时穿得干干净净，都是母亲的功劳。这块洗衣板对他来说，珍藏着成长的记忆，美好而温暖。

当他兴冲冲把这些物品带回广州的家时，母亲邓翠娟一见，马上说："我不想见到它，拿到别的地方。"邓翠娟看到这些物品时，唤起了她在西樵的那苦难的记忆。过去的苦日子早已过去了，不想再去想它了。

而陈永锵看到这块洗衣板时，也想起了那段美好的生活经历。他说："那时我在西樵，没有名气也没有粉丝。每次写了一首诗，总是不知道读给谁听，我就把老婆培养成我的忠实听众。但她总是太忙，没有时间听我朗诵，每次总是说：等我去洗衣服时再读。我就跟着她到了河边，放下洗衣板，拿出孩子们的衣服，她说：开始吧。这样的情景非常美妙，我总是诗兴大发，忘记了朗诵诗，现场又即兴作诗，高兴得阿娟边洗衣服边笑。"

在这些年写人物传记的过程中，我有了多次这样的体验，一件事问不同的人，总有不同的答案。从此我也明白了一个道理：一种米养百样人。明白了这个道理之后，我从不用自己的价值观去批判他人，我知道，每个人内心都很辽阔，世界才能变得精彩。

依稀梦里到家园 1997 年 陈永锵

2005 年陈永锵在新疆，穿扮得像诗人。

27 台湾行

2000年，陈永锵第一次去台湾，是以华夏诗报社社长的身份出访的。本来，这个文化访问团有成员五人，两人因有其他公务缠身，成行的只有三个人。另两个是《羊城晚报》的记者蔡俊荣与黄茵，陈永锵当团长。

一到台北，接待方就把他们安排到“国军纪念馆”住。国军纪念馆是大书法家于右任题的馆名，位于台湾“总统府”后，“宪兵总部”前。接待方官员对陈永锵说：“我把你当成中尉级军官接待。”陈永锵知道中尉的肩章是一杠两星，就开玩笑拍拍对方的肩膀：“我们男人都是中尉，一杠两星。”

安顿下来之后，他们就问陈永锵一行：“敢不敢去海基会？”

“客随主便，你们请，我当然敢去。”

两位记者觉得文化交流，去海基会恐怕不妥，但也没反对。陈永锵见他们犹豫，便说：“你们放心吧，看我的。”

到了海基会，接待的是一位陆姓官员，他寒暄后的第一句话就问陈永锵：“陈先生是共产党员吧？”

“我还未是，但我是共产党的干部。”

“那么好笑？”

“有什么好笑？广州市文联是中共广州市委宣传部管的，我是广州市文联的常务副主席，你说我是不是党的干部？”

陆先生连忙点头：“是是是。”

“听口音，陈先生是广东人，我最喜欢广东人了，广东人立场坚定，最实在，都信仰国父先总理孙中山的三民主义。”陆先生接着说。

“确实是这样。”陈永锵说，“孙中山先生是革命的先行者，我们都非常敬仰他。你说广东人立场坚定，我的立场很坚定，我信仰共产主义。”

当了十多年官的陈永锵，外交辞令也有一套。两位记者看到团长的表现，心中的石头才落了下来。

走出了海基会，到了圆山大饭店参观，对方说:“今晚在这里吃饭好不好？”

“你们请我吃饭，哪里都行，但你问我好不好，我说不好。”刚才在海基会斗智斗勇，已经两个多钟头没吸烟了，刚进酒店的门，就见到“不准吸烟”的提示，陈永锵提出了反对意见。

“那什么地方好？”

“没有桌布，有苍蝇，可以吸烟的地方最好。”陈永锵笑着答。

“呵，乡村风味。”接待人员说完就把陈永锵一行带到了一个乡村小店。

饭后行街，陈永锵看到一件白色的唐装，想买一件。接待官员见陈永锵想买，立即掏出钱包付款。

“我自己来。”陈永锵挡住他，“请您不要破坏我的购买欲。”

“大陆的官员都这样的啊。”接待官员还想坚持付款。

“别人怎样我管不了，我绝不这样。”陈永锵说完，自己付了款。

参观访问了两天之后，台湾邀请单位的官员突然向陈永锵宣布：“你们这个团原定五个人，现在只来了三位，不好安排今后的接待，从明天开始，你们在台湾参观访问的一切费用，请你们自理。不过，你是大画家，搞几场笔会，问题就解决啦。”

陈永锵本来行李包里就带着毛笔与印章，想在适当的时机与台湾同行交流一下画艺，并不打算卖画，当局这样做，不是逼自己卖画吗？

“笔会就不搞了，这次来没有带笔与印章，不过没关系，尊重你们，我们的行程自己能处理。”陈永锵这次说了假话，心里想：“逼我卖画，没门。”

回到宾馆，团长陈永锵这个“非党干部”立即召开了“战地党员会”。陈永锵说：“我不是共产党员，你们两个是，但我是广州市的人大代表，今天我以人大代表与团长的身份，召开紧急会议，对方不接待我们了，大家把钱包拿出来，统一使用，我们绝不能向困难低头。”

话是这么说，但要多少钱才能维持今后的行程，他们心里也没有底，到达泰鲁阁时，酒店要两千元一间，陈永锵是团长，订一间，但两个记者一男一女，又不是夫妻，要订两间，加起来就要六千元。陈永锵建议说：“为了节约开支，今晚就订一间房，我们三人一起住，我是团长，睡沙发，你们一人睡一张床。”

大家一致拍手通过了。

进了房间，蔡俊荣说：“你是团长，优先冲凉。”等陈永锵从卫生间出来，沙发早就被蔡俊荣霸占了。

躺在床上，陈永锵怎么也睡不着，亲眼看到台湾岛的清洁与宁静，想起了小时候叫的“打倒美帝国主义，坚决解放台湾” 的口号，要是万炮齐发，把这个岛炸掉了，真的好可惜。昨天，他还见到了台湾 90 岁的老国民党员、画家刘其伟，老画家希望陈永锵回大陆后，给他寄两面中华人民共和国的国旗来，等国家统一了，再回故乡中山市办画展。

随着访问的深入，陈永锵对台湾的感受，也变得温柔起来，对国民党接待单位生的气，也消了一半。

勒紧裤带，节食省用，三个人历尽千辛万苦，终于从台湾归来。广州市人民政府台湾事务办公室希望他们把在台湾的访问活动写成一份详尽报告交上来，但陈永锵始终没有写，觉得男女混居，写出来多尴尬。

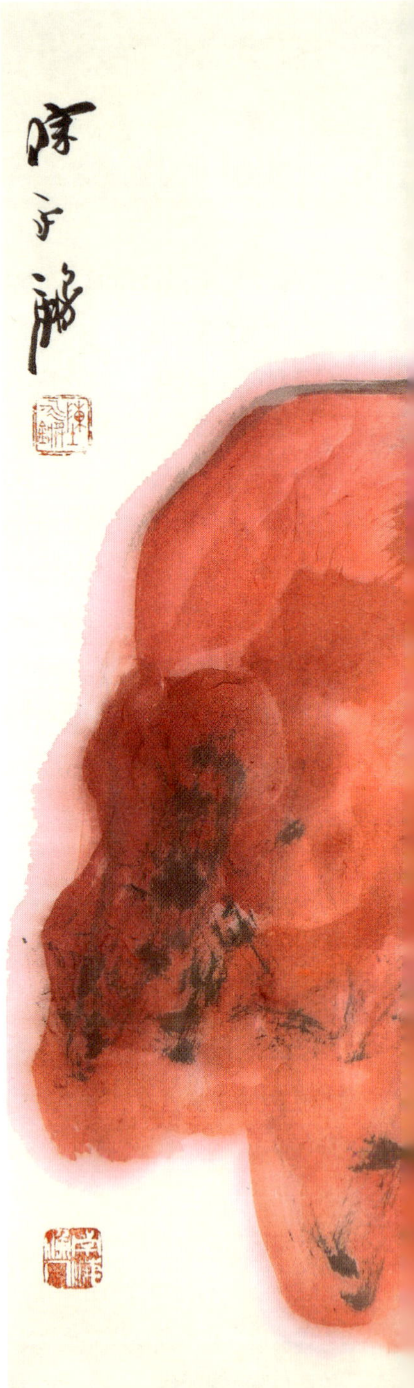

泻绿流红秋海棠 辛卯年 陈永锵

28 山花小学

2006年春天，国家画院组织一批著名画家到云南扶贫采风，到达腾冲的一所小学时，山路上受到了戴着红领巾的小学生们列队欢迎。好些孩子还流着鼻涕，边擦边拍掌，嘴上不停地喊着：“欢迎欢迎。”

这个小小的动作，被锵哥看见了，一下子动了他的恻隐之心，他不忍心让孩子们长时间呆立在山风里。

在参加完中国画希望小学的捐赠仪式后，他们一行在保山市龙陵县中岭岗造访了一间山区小学，这所学校残旧得很，且属危房。

交谈中得知，这所学校重建只需要30万元人民币。

这次，锵哥表现出大男子主义的气概，他对同行的画家们说：“很抱歉，各位这次就不要争了，让我出一次风头，一个人来捐建这所小学。”

风头出了，他还不知道自己有多少钱，而且一下子拿出30万元，并没有把握，与当地政府签完认捐协议之后，打电话给老婆，老婆在电话里先把她买了一间铺面的喜讯告诉他，听到这个消息，他心凉了一半，钱被老婆花了。但锵哥还是硬着头皮说：“老婆，我支持你。”接着也把自己在云南出了一次风头的情况对老婆说了。听完老公的话，老婆说：“好事，老婆支持你。”这一次，邓翠娟筹钱的速度非常快，陈永锵还未从云南回到广州，钱已汇了出去。

山花小学建成后，当地政府与校方想用陈永锵的名字命名为“陈永锵希望小学”，但被他拒绝了，他说：“要命名，就叫山花小学吧，那里满山遍野都是山花，我希望孩子们在成长的过程中，笑容与山花一样灿烂。”并欣然挥笔为山花小学题写了校名，但他拒绝出席剪彩仪式，也没有再到过保山，他认为对保山孩子们的心愿已圆满了。

陈永锵是这样想的：“我做慈善，不是为了出名，出名了，我反而做不了慈善，全国有那么多中小学需要重建，我们的教育欠债很多，我也没有能力做那么多。”他每做一次，都有些伤感。他想起了看过的一个寓言故事，一个老头搭个棚子住在海边，海一退潮，他就把搁浅在沙滩上的小鱼小虾小螺拾回海里。别人笑他傻，海那么大，怎能拾得完，老头说，拾一个是一个。

孩子们搬到新教室上课后，非常高兴，校长打电话给陈永锵表达了师生们的谢意。

陈永锵接到校长的电话也很开心，问校长：“学生们最大的愿望是什么？”

校长说：“学生们整天走山路上学，最大的愿望是有一双新运动鞋。”

陈永锵当即表示，他再送全校师生每人一双运动鞋，让孩子们高高兴兴穿着新鞋子到新教室上课。陈永锵是画家，能想象得出，这样的画面是多么美好。

朋友建议他在广州采购几百双运动鞋，再托运过去，但陈永锵觉得这样不妥，虽然这样做能保证鞋子的质量，但却表现出对受捐方的不信任，并且这些鞋子，也保证不了适合孩子们的脚。于是，他把买鞋的钱再汇到保山一家国营商店，说明自己的心意。商店的经理很快作出了回应，派人上山去学校，测量登记两百多个学生与老师脚的尺寸，保证每双鞋子都合适学生们的脚。

学生们量脚的尺寸时，高兴得像过节一样，对有新运动鞋穿充满了憧憬，每个学生一量完脚都问：鞋子什么时候到？

鞋子到达学校那一天，每个学生同时收到了一双新袜子，是这个商店爱心赠送的。

原来，爱可以传染。

2010 年陈永锵与阳江市的孩子们在一起。

木棉落朵不飘英掷地闻其声 2002 年春 陈永锵

29 选择树隐喻生命

2008年，陈永锵60岁了，这一年，他画了60棵树，举办了一个画展叫“树——陈永锵花甲抒怀”。

那个时候，我还未认识陈永锵，没有看过他的这次画展，但画展后出版的画册，我认真地拜读了。

我清楚地记得，第一幅是岭南地区司空见惯的菠萝蜜树，画面上硕果累累，画名为《地义天恩》。第二幅画名叫《春在山林云水间》，画面上是两棵老树，正在春风中泛绿。第三幅是一棵老树与一棵老藤，画名叫《草木同春》。接着是各种各样岭南亚热带地区常见的树与花，瓜与果。

看得出，画册上头几幅画，是精心挑选过的。树无私地把各种果实献给人间，没有索取一点回报，当人们在品尝岭南各种佳果时，除了品味出生活的甜，是否能品味到地义天恩？陈永锵以他对自然的理解，画出了树的灵魂。因为树的“不要”，人类在向它无止境地索取时，慢慢形成一种贪欲。

泰戈尔曾经写过树与樵夫的故事，樵夫斧头把坏了，向树要一枝树丫做斧把。树给他了，斧把修好之后，樵夫连那棵大树也砍倒了。

倒下的是大树，也是人类的良心。

陈永锵并不把树当作宇宙的唯一主体，在他眼里，树是大地中的一物，所以他又把树放在一个初春的时节里，让两棵经历沧桑的老树，长出一枝又一枝的新绿，生命有了轮回的感觉。我不知道，陈永锵在画这幅画时，是否想起过他已经在天堂里的父亲与母亲。在春天里长出的叶子，在秋天里也会飘落，这种一叶知秋的感悟，能使我们看到一个更大的生命体……

在陈永锵的眼里，不管是草还是木，都会在春天里萌生。但陈永锵始终在画外音的文字里，把自己当作一棵小草。画面上，小草没有仰望大树，大树也没有嘲笑这棵小草，这种平等的自然关系，可以看出陈永锵“与众生和唱”的人生哲学：平民，平等，平视。

画家是艺术的母体，他的作品会流淌着他的血。画60幅八尺整张的树来庆祝自己的花甲之年，让人看到了春暖花开，瓜熟蒂落，叶落归根的自然现象，对岁月的流逝会安然处之。人也是自然中的一物，比树幸福多了，因为人有一双脚和一双眼，可以到处走走，到处看看，还因为有一个大脑，可以超越自然，进入思想与艺术的世界。

关于树，陈永锵在自己的诗歌与散文作品中有过大量的论述，他还写了一篇《树赋》，认为树是大地上最值得尊敬的生物。它开花你可以免费欣赏，它结果了，你把果实卖掉，它不要你一分钱。它长成了栋梁之材，被人砍了，做成了脊梁，又默默无闻地尽职守，为人间遮挡风雨，自己被白蚁咬。树开花，但树不花心，它长在一个地方，就在一个地方活几百年，几千年。世事沧桑，人间变幻无常，只要树在，站在路边的老屋前，守着家，游子就能回到故乡。

我与陈永锵在他的画室，多次谈过树这个话题。他说，他喜欢待在这个地方画画，是因为这里有很多树，自由自在地生长，让他时刻感受到生命的蓬勃。

人生六十年，选择树隐喻生命。还在那年的植树节，领着子孙在广州的大地上种下了60棵树。他说，树无知了生命的意义，但树，竖起了生命的尊严。

在大自然的无言生命中，陈永锵不仅仰慕树，还敬重着小草，甚至小小的苔藓。他写道：“苔藓渺小得连太阳都没有留给它们顾影自怜的影子，但它们在裸地荒原上贴出第一张绿色的生命宣言。”

艺术不只是简单地再现自然或表达自然物象，它是一种观念的意象，使人可以在世俗生活中获得精神的自由。

椰风里俚语乡音 2007年 陈永锵

初夏 辛卯年 陈永锵

30 隐居恩平山间，裸体画画

随着名气越来越大，各种应酬也多了起来，根本没有多少时间画画，这对一个画家来说是一种悲哀。

有一天，年轻时在西樵跟陈永锵学过画的画友加农友陈信孝来访，陈信孝目睹了一群又一群的人来来往往，热闹非凡，但他也从老友陈永锵的眼睛里看到了无奈。他觉得这样下去，会毁了陈永锵。陈信孝是个有心人，回到惠州龙门县他所经营的温泉度假村后，腾出了一个大房间，模仿陈永锵在广州的画室，装修一番，然后请陈永锵来小住。陈永锵来到乡下，再也没有人打扰，创作激情如温泉涌出，一发不可收拾，就安心地住了下来。

陈信孝的生意转回恩平之后，又在自己的地方装修了一个更大的工作室，供陈永锵使用。

开始，陈信孝还担心陈永锵这个大画家很难侍候，但陈永锵一点都没有名流的做派，随和得很，很快就与大家打成一片。

刚到恩平山居时，有一位江湖画家在门口开档，自吹是大师。不过画都是几十元几百元一张。闲来没事，陈永锵请他到画室来喝茶聊天。

“大师，请坐。” 陈永锵客气地说。

“哪敢、哪敢，我不过是混口饭吃，你才是大师。” 江湖画家非常知趣，没有几天，就搬走了。

在与我谈江湖画家这个问题时，陈永锵并不像一些画家一样非常气愤，要赶尽杀绝的样子，而是平和地说："我曾经也是他们中的一员，天都允许他们，我为什么要反对，他们只不过是找一碗饭吃而已。"

我知道有一位"书法家"，练了一辈子书法，都卖不了一幅字。后来假冒陈永锵的书法，卖了个好价钱。陈永锵得知他是一位70多岁的老人之后，就说："算了，网开一面，留人以生路。"

在恩平，这一住，就是七年。好多大型的创作，都是在这里完成的。说起来，陈永锵很感激这位热爱艺术的老朋友陈信孝。

当然，隐居只是一种躲避应酬的假象，不像西方大师们这样，隐居山林，遗世独立。他们保持高贵的思想，拒绝一切交流，认为在庸俗的交流中，水平会越来越低。就像茅台酒与白醋酱油混在一起时，味道会变得乱七八糟。陈永锵隐居在恩平乡间画室，没有太多的人打扰，思想上可以天马行空，艺术上可以特立独行。

在恩平山居，生活一般由助手陈年发打理。陈年发小锵哥两轮，也是老鼠仔，而且聪明绝顶。锵哥笑说不让他戴帽子，免得会找不到他。

每天早上6点45分，锵哥就会准时起床，也不需要闹钟提醒，刷完牙，洗完脸之后，抽一支烟，喝杯热茶，坐在按满宣纸的画墙前，思考一会儿，今天要画什么，或记一段他的"晨窗私语"。

8点准时吃早餐，然后开始画画。

他画什么样的题材，就放什么样的背景音乐，这样的情景更容易打开想象的空间。我第一次到那里采访他时，背景音乐不断地播放陕西民歌，我以为他喜欢信天游。其实，他刚刚从黄土高坡回来，画了70多幅西北风情的作品。

他把这种生活称为："写意地画写意的画，才能行云流水，浑然天成。"

中午12点准时吃饭，说是吃饭，饭反而没吃几口，酒是喝了一大杯，不

2013年陈永锵与作者陈文在恩平乡间画室。

够再加一杯。

午饭后睡觉，2点40分起床，又开始画画。如果是画大画，他会一鼓作气，一个星期拿下来，否则老让画占着画墙，会扼杀他汹涌澎湃的创作激情，心里很不爽。如果有人指定题材，画大幅画，钱出得不礼貌，他坚决不画。他喜欢原创，信马由缰、自由自在地画心中的风景。

晚上6点准时喝酒。8点在卧室放水泡温泉，如果温泉里泡出灵感，他会光着身子跑到画室，裸体挥毫，或叼着一支烟，在画室走来走去，寻找灵感。所以，8点钟之后，包括助手陈年发在内，谁都不准进入他的画室。

他说："任何时候，画墙上都挂满宣纸，一有灵感来，不穿裤子也要画出来，千万不要怠慢了灵感，灵感是天上来的东西，可遇而不可求。"

山涧流水 陈永锵

我是2013年5月4日青年节中午到恩平采访他的，有一幅画上画着一只斑鸠鸟，旁题了很多字。

锵哥很伤感地说："昨天早晨，一只斑鸠鸟想飞进画室，结果撞死在玻璃窗上，我就画了这幅画来纪念它。"

画墙上那天挂着多幅画好的花鸟画，因未干，还来不及收拾，早上起来还挂在那里，像一片绿色的花园，斑鸠鸟一定认为那儿是它的家，它要飞回那片花园，结果死了。

透明的玻璃，让人看到窗外，也看到了死亡。

在我采访开始的好长一段时间里，话题都没有离开过那只斑鸠鸟。

鸟也是这个地球上的一种生命，它们怀风而行，长途迁徙，露宿枝头，穷得没有一点家产，每天早晨，照样歌唱。

晚上9点15分，锵哥会准时给老婆邓翠娟打电话报平安。那一晚，他会说："老婆，一只斑鸠鸟死了，唉。"正常情况下，他会汇报：谁谁来看我了，今天我画了什么样的画，你早点睡啦这样的话，每晚如此。

如果是遇到高兴的事，或者创作有所突破，锵哥在打电话时，会称老婆为"同志们"。这个时候，娟姐就会说："不要太激动，不要太辛苦了，早点睡觉。"夫妻俩晚间电话总是互相安慰，这话谁听了都会舒服，也就百听不厌。

开始听说锵哥十多年来，只要不在家，都会在这个时间段打电话回家，觉得不可思议，现在我明白了，什么叫相濡以沫。

当然，老朋友随时可以来。西樵老家的画友，就喜欢到恩平。因为在广州找锵哥的人太多，轮不上他们说话，而在恩平他们就是唯一的客人。老友张明基就经常拿着画作，到恩平请教。

陈永锵对老友毫不保留，但又不想在他的画作上改动，就用一张宣纸示范给他看，画着讲着，激情喷发，一张接着一张画。直到张明基回到西樵之后，由张明基请教引发的创作冲动依然无法刹住，三天就画了好多张山水画。

放下笔，他给张明基打电话："马上来，最好带救心丹。"

他确信，张明基看到这批画，会吓得心脏病发作……

人都喜欢放大自己的作用和影响，当过文化官员的陈永锵当然明白，但他高兴起来，也是一个十足的文人。

对于诗人与画家的身份，陈永锵是认同的，但说他是文化人，他一定会骂我放狗屁，他才不当这酸文人。

陈永锵这七年来画的作品，大部分是在恩平山居放怀别馆完成的。

我曾经问过他，为什么喜欢"放怀楼"这个名？他说："我一直以苏东坡的生活作为参照坐标，希望活出人样。我 48 岁的生日是在四川眉山苏东坡纪念馆度过的。那天天也下雨。回来我查了一下，看苏东坡 48 岁时正在干什么。这一年，他的小妾生了个男孩，苏东坡写了一首诗：人皆养子望聪明，我被聪明误一生；唯愿孩儿愚且鲁，无灾无难到公卿。我非常喜欢他的《饮酒四首》……客至壶自倾，欲去不得闲。如果时间可以穿越，我会问苏东坡一句话：你得闲了吗？"

从放怀楼，到放怀别馆，40 年来，这一情怀始终没有变，可贵的就在于抱一坚守。

荷房上路　陈永锵

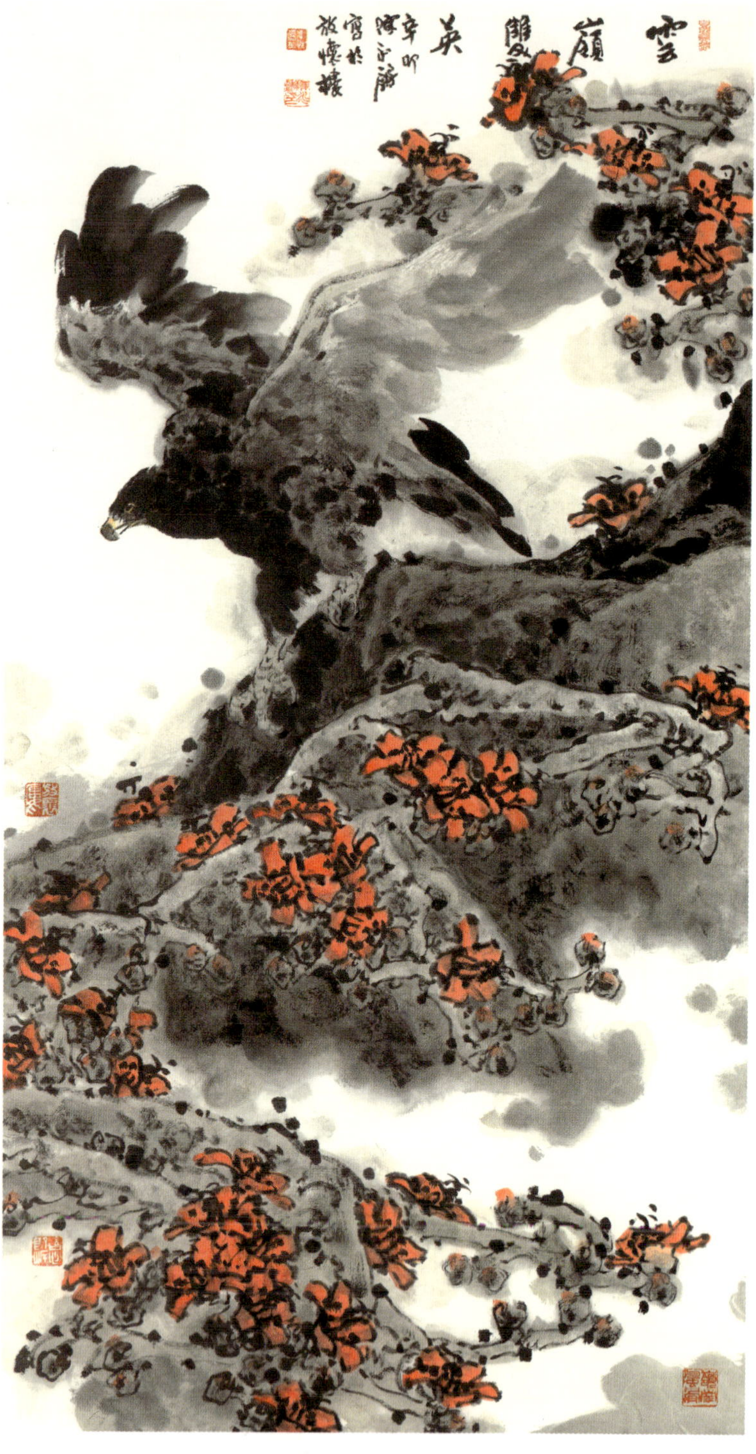

云岭双英　辛卯年　陈永锵

31 木棉花开得最红最有骨气

从 1964 年跟梁占峰老师学习画木棉花开始，陈永锵已经画了快 50 年的木棉花。

从 1994 年被请到北京钓鱼台国宾馆画木棉花开始，凡是象征南国领土意义的各级政府办公厅、公共空间，都被陈永锵所写的木棉花开满，红遍了天。

国务院办公厅、中央军委办公厅、钓鱼台国宾馆、京西宾馆、白云国际机场贵宾厅、广州白云国际会议中心、广州南站等地方，都挂上了陈永锵巨幅的木棉花。

对一个画家来说，这是荣誉。但对陈永锵来说，是多么不容易。

2006 年的一天，他躲在龙门县乡下的一间工作室里，赶画国务院办公厅会议室里的一幅木棉花，冠心病发作，抢救及时，才保住了一条小命，但身体上从此留下了一个支架。

1994 年，到钓鱼台国宾馆画木棉花时，邀请方通知他可以带家属前往，但妻子邓翠娟不肯去，他就带着司机肥仔全与另一位朋友到了北京钓鱼台国宾馆。国宾馆的领导朱贵玉看了陈永锵的名片后笑着说：“你这个副局级的官，还不够格住钓鱼台，不过，你是画家陈永锵，我们非常欢迎。”

就这样，陈永锵入住了钓鱼台国宾馆八号楼。

一个多星期，一大幅木棉花就画好了，国管局很满意，举行了答谢酒会，一排天香国色的女服务员穿着旗袍，戴着白手套列队欢迎，看到陈永锵进来时，一个个都脱下白手套，热情地与陈永锵握手。那一天，他很高兴，也喝了很多茅台酒。

陈永锵的第一棵木棉花，就这样“种”到了北京。

关于木棉花，陈永锵有太多的话要说。小时候，他就生活在木棉树下，拜梁占峰为师的第一天，就对老师画室挂着的一幅木棉作品着了迷。对画中的题诗“愿祝人生似木棉，凌云百尺气冲天。花开映日红如血，攀落纷纷暖大千”深铭不忘。

去画木棉花时，他发现木棉花掉下来时落地有声，木棉花开过了，从不赖在树上枯萎，而是回归大地，化作春泥。怪不得人们把木棉花称为英雄树，象征青春灿烂的生命。

有了这样的发现，他找了一个平视的角度，像站着与木棉花对话，这样一笔一画地画心中的木棉花，让它平铺大地。木棉花很高大，当我们以仰视的角度去看它时，就会觉得它太高太远，我们摸不着，看久了，脖子也会累。当我们站在一个高高的角度去看芸芸众生时，就会觉得别人渺小，自己高高在上。陈永锵认为这两个角度都不好，不适合他。所以，不管是画木棉花还是向日葵，他都选择平视的角度去画，让花开在我们的眼前，触手可摸。

陈永锵对木棉花的喜欢达到了如痴如醉的程度，他主编过一本历代诗人咏木棉花的诗集，出版过多本木棉花的画册。

2012 年 3 月，他在北京中国美术馆举办了一次以“岭南风骨”为主题的木棉花画展。在他的系列画作中，木棉、鱼、向日葵最受社会与市场的欢迎。

我不是评论家，也不知道他的作品抢手的原因是什么。但评论家是这样说的：陈永锵的作品以田园大自然风物为主要表现素材，以讴歌生命为主要内容。

2008 年 3 月陈永锵与两个孙子在植树。

2014 年 5 月陈永锵在番禺画室画红棉。陈文摄于 2014 年

表现手段以中国绘画传统为基础，吸纳西方印象派和表现主义等艺术养分，构成具有民族意识、时代生活气息以及鲜明个性的艺术风格。其风格主要体现为饱满、丰厚、沉雄、强烈和充满律动美感。

画了五十多年的木棉花，陈永锵的骨子里也有了木棉花的精神。

雄镇南疆 1999 年 陈永锵

陈永锵在故乡西樵山上题的家山。后来有人认为是陈永锵家的山，铲掉了。后来又有人认为是陈永锵家乡的山，没错，又刻回来。两个字就这样被解读来解读去。

32 头上长着两个角

66年前，母亲生陈永锵时，之所以难产，三天三夜都生不出来，是因为他头太大，而且脑壳两边还长了两个棱角。从小到大，他都没有理过小平头。所以，也没有人看见过他头上的两个角，究竟有多大多长。现在，白花花的长发盖着，更看不到了。

世道有“头角峥嵘，必成大器”的传说 ，但不知是否灵验。

事实上，陈永锵并不是宿命论者，在命运多舛的岁月里，他从没有放下过画笔，坚持一路走下来，才有今天的成就。

陈永锵在我的眼里，表现得更像一个诗人。采访的时候，谈到某个时期，他就朗诵起那个时候写的诗句，一字不漏。他见我记录不了，干脆拿过我的笔记本，直接写出来。

我青年时也写过诗，但在生活的重压之下，慢慢放弃了。我知道，诗言志，不食人间烟火，无法反映现实生活。在采访的过程中，我尽量挖掘陈永锵生活中的故事，希望时间、地点、人物都可以准确地呈现。有些事陈永锵记得清清楚楚，我记录下来稍整理一下，就能成文，但问题是，这些故事他总是忘记了时间，不知道发生于何年何月，更不用说何日了。

他说这一切，都是苏东坡所说的：雪泥鸿爪。

有一次采访，他现场朗诵了一首散文诗《湖与红叶》，他用赵忠祥那样的语气轻轻朗读：“宁静的湖面上，飘落了一片红叶……”这首两百多字的散文诗朗诵完，自己也被感动得起鸡皮疙瘩。事后，我找到了这篇散文诗，与录音一对，竟然一字不漏。据说这首散文诗与师生恋情有关，每一次朗诵，他都会感动得自己起鸡皮疙瘩。在采访中，这种情况出现过多次。讲到动情处，他指着手臂说：“又来了。”

我顺手摸了一下，证实不是老烧鹅皮，真的是鸡皮疙瘩。

这篇散文诗 20 世纪 90 年代初广东电台曾配乐播放过，陈永锵听着，浑身都是鸡皮疙瘩。

鸡皮疙瘩的形成是这样的：当人体感到寒冷或者害怕时，身上会起一层鸡皮疙瘩，这是因为在每根汗毛的下面都有一个小肌肉，叫做竖毛肌。当它们收缩时，就会在皮肤表面凸现一个小隆起，同时，上面的汗毛也会竖起来。感动属于寒气，人在正常的温度下，一股暗流从远处进入身体，就会出现鸡皮疙瘩的现象。

一个皮肤非常敏感、对生命非常敏感、对文字非常敏感的人，却对时间视而不见，他无法记清楚自己身上发生的那些事，是发生在何年。我追问紧了，他就说：“大约是七一、七二年。”好在他送给我的一本画册里，有他的艺术活动年谱，他讲述的故事究竟是发生在哪段时间，要与他家人讨论才能慢慢推敲出来。

虽然时间记得不太清楚，但这个头上长着两个角的人，对发生在 1990 年年初不尊重画家艺术价值的事，却记得清清楚楚。

在广州文化假日酒店，广州市作家协会组织企业家与艺术家联欢。作协主席在会上说：“企业家们，今天广州画院的画家们都来了，你们喜欢哪个人的画，就叫他画。”陈永锵气得真想当即要把画家们带走。他把作协秘书长曾应枫找来说：“我们画家同样是嘉宾，来这里搞联谊即兴挥毫可以，但必须受到尊重。

钟馗赐福图 2014年 陈永锵

雄姿英发 陈永锵

怎么可以像柳嘉主席说的可以任人差遣？希望柳主席道歉。”

企业家追求利益最大化，艺术家追求精神最大化，两批人怎样才能搞在一起呢？这也是一个社科研究课题。

陈永锵当广州市文化局副局长时，有个刚刚认识的老板，在饭局上开口索画，他的美女秘书也凑热闹。出于礼貌，陈永锵说以后吧。

没过几天，美女秘书就给陈永锵打电话：“你给我老板的画，画好了吗？”

陈永锵鄙夷地说“你老板什么都不比我大，就是口气大，我欠他的？不画。”

“那我的呢？”

“再说吧。”

“你把给我的给老板吧。”

“那你的我也不画了。”

“为什么？”

“因为你贱！”

这样的话从广州市文化局副局长陈永锵的嘴里说出来，并不奇怪，他生活在民间太久了，已经练成了口水佬。

有一次，在广州火车站接人，人没有等到，车堵路上了，陈永锵本来就很生气，后边一部车的女司机不停地按喇叭，还走上前敲打车窗：“快点走，快点走。”

陈永锵不慌不忙地摇下车窗，斜眼瞟了一下，阴阳怪气地说：“你真系咁急？”

女司机一听不好意思地走了。

司机肥仔全提醒他说：“老板，你是广州市文化局副局长呀。”

“呵，忘了。”陈永锵说完，两人都哈哈大笑。

鱼 陈永锵

而对待亲情，孩子，他却表现出无限的温柔。

他的大孙子，说爷爷的肚像个大西瓜，他就掀开衣服，亮出肚子，让孙子用国画颜料在他肚皮上画出一个大西瓜。

故乡西樵一家幼儿园聘他当顾问，颁发聘书时，找不到官比陈永锵大的人来颁发。陈永锵知道后说："不用找了，孩子就是我的老师。"

颁发聘书典礼上，陈永锵单膝跪下来，从孩子的手上高兴地接过聘书。

表哥柯文亮在青年时代，知道他想买一本书，但哀叹自己没有这个钱。柯文亮偷偷给他留下十元钱，在留言条上写着："这十元本来应该是你的，但因社会不公平，落到我的手中，现在还给你，快去买书。"这十元，让他温暖了一辈子。后来，表哥家里有困难，陈永锵一直资助他的女儿，读到大学毕业。

对于生活在社会底层的人，他也充满悲悯的情怀。有一天，没有什么公务，难得清闲。吃完午饭，陈永锵就开始"微服私访"，到中央公园视察擦鞋女，了解她们的生存生态。他先是找一个年轻一点、白一点、靓一点的姑娘擦鞋补鞋，人家先夸他的鞋贵、鞋靓，要 25 元，结果他给了 30 元，还不让人家找零钱。他提出请她们姐妹吃饭，但被擦鞋女婉拒了，也许她们只看见他的土匪脸，看不见他的菩萨心。

陈永锵只好悻悻然走了。

有时他在街上，碰到乞讨的儿童，也会慈悲大发，掏出钱包，慷慨解囊。结果围上一帮小孩，拉着他的衣服："叔叔，我也要，我也要。"搞得他掏空了钱包，还脱不了身。

我曾经见过他的司机肥仔全，他跟陈永锵多年，我想采访他，他拒绝了。他只说了一句："像陈永锵这样的领导，现在没有了。"

事实上，陈永锵内心非常清高，要面子，从不为自己的事求人。他下河救人，被溺水的女孩死死抱住了，脱不了身。他想大声向岸边的人叫"救命啊！"，

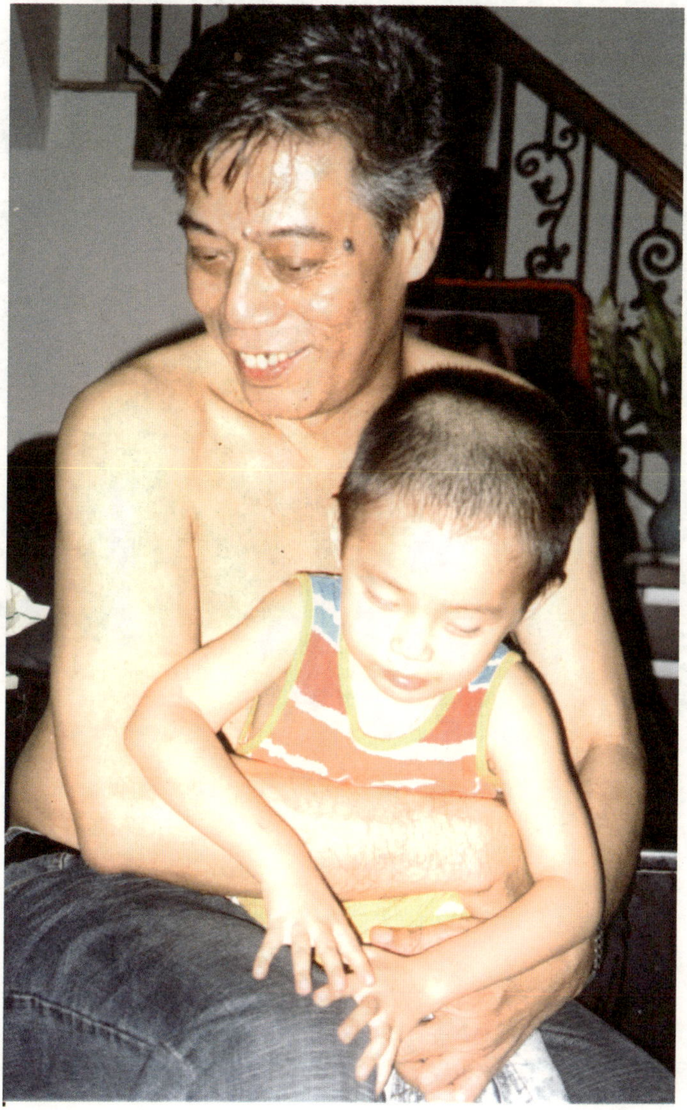

陈永锵抱着大孙子。他还光着身子 ，让孙子在肚皮上画大西瓜。

牛 1998年 陈永锵

结果叫不出口，而是叫了“快过来，快过来！” 好在他读书时学过救生常识，用力把女孩挣脱开，再一点一点地把她推到岸上。

一上岸，他累得站不起来，想挣扎着站起来，结果又倒下去了。

生死关头，还不求人，还有什么事需要开口呢？

邓翠娟眼中的丈夫陈永锵，却与众不同。她说：“他眼里没有坏人，他不准家里安装防盗网，家里展览厅的门要长期开着。他的画现在那么值钱，我老担心出事，就偷偷安装了防盗网，他一出差，我就叫工人来量尺寸，加工好，等他下一次出差，再安装上。他回来后发现，哇哇大喊，说像坐监，要拆。他除了动嘴动笔，什么也动不了，知道他拆不了，慢慢就习惯了。”

有个裱画的师傅说：“陈永锵死了，都没有棺材装，不知道他适合哪种规格。”王璜生说：“他是一个言说不尽的人物。”

伊妮说他是个“难以名状的综合体”。

师母欧洋说他是“土匪脸，菩萨心”。

作家演员黄宗英说：“义士鲤鱼锵。”

黄宗英生于1925年7月， 浙江瑞安人。历任上海昆仑影业公司演员，上海电影制片厂文学部创作员，中国作家协会上海分会专业作家，上海市人大常委，上海市政协常委。20世纪90年代初，她到广东疗养，认识了陈永锵，到他位于番禺大石的家中作客。那时她患有忧郁症，老想跳楼自杀。在陈永锵母子的精心照料之下，病才好转了。临走前，她希望陈永锵像对母亲一样，亲她一下，她刚好与陈永锵母亲同龄。后来，她把这段经历写成了散文，收入她与冯亦代的合集《归隐书林》里。

有人说陈永锵“南人北相， 文人武相”，是为异相。

那么多人都说不清楚，说明了人性的复杂。当然，我也没有这个能力，只是希望通过这本书，让读者知道陈永锵过去的点点滴滴。

妻唱夫随，陈永锵与妻子邓翠娟唱卡拉OK，妻子真唱，他假唱。

33 聪明如我

这是陈永锵的一句口头禅，在采访中他多次说起过，每当他遇到难题，急中生智，渡过难关，他就会洋洋得意地说：“聪明如我。”

在我听来，他所说的故事，也不见得有多大的智慧，只不过是一些生活中遇到过的小事。只是他善于解决问题，把想做的事都做成了。如果没有太大的奢望，也就没有失望。在现实生活中，我们每个人都想做好多事，但能做成的只是一小部分，所以成功的只是少数人。陈永锵认为，对因果关系的理性思考与确认，对成事的影响很大。

锵哥的生活词典里，应该没有做不成的事，除非他不想做。比如他结婚时，没有钱买油漆油床，但床也被他油得油光发亮。

这位出生于鼠年的人，是这样解决问题的。

读小学时，学校组织学生们剥花生出口，还苏联的债。他是小组长，觉得用手剥太慢了，就动员组里的同学回家找木板，一块木板垫在下面，铺上花生后，一块木板盖在上面，大家一边自习，一边用脚轻轻踩，花生的壳就脱落了，这种踩花生法，就是他发明的。

1970 年 3 月，结婚的床自己动手做好了，但没钱买油漆，他就用糯米粉，煮成糊状，然后调上颜料，抹在了婚床上，再买几角钱的光油涂上薄薄的一层，这种非常环保的自制油漆，只有陈永锵才能想得出来。

后来，他在这张环保床上“造”出了两个男子汉。

1978年报考研究生时，要单位开证明同意才能报考。他是工艺厂创汇的主力，要考研究生，离开厂里，厂里极可能会不同意。当时已经有人怕他远走高飞，告了他的状。陈永锵深知厂书记乐于助人与教人，就主动找书记汇报说：“美术学院有个教授要我报考研究生，自己14年没有摸过课本了，而且是初中毕业，如果去考，百分之百考不上，这不是明摆着让我出丑吗？我真的不敢去试。”

书记听了陈永锵的“表白”之后，很严肃地说：“年轻人嘛，有党有群众，怕什么，要勇敢站出来，让党挑选。”

陈永锵考上研究生后，这位领导才知道自己中了苦肉计，哭笑不得。

有一次，他到一个单位参加联欢活动，饭饱酒足之后，主办单位的领导说，大画家来了，画张画给他们开开眼界。因事先没有准备，只找到一瓶墨汁，找不到毛笔。如果是一般人，没有笔今晚也就算了，下次再画。锵哥灵机一动，发现一位美女绑着长长的辫子，有笔了。

他说“我今晚一定要画画，谁愿意把辫子借给我当毛笔，我就画画送给她。”

长辫子美女欣然答应了，陈永锵第一次在没有毛笔的情况下，使用一支“美人毫”。

这样的怪招，只有他才想得出来。

也许有人看到这样的小故事之后，觉得陈永锵都是喝醉了酒，闹着玩的把戏，没有艺术含量，更没有艺术底线。但我不这样认为，艺术的灵魂是自由，如果拘泥于工具与程序，只能算是一个工匠。

生命的精彩是活出来的，不是关在房子里想出来的。

还有一个例子，也许与智慧无关，但显现了智慧。

陈永锵在恩平画画的温泉乐园那吉小镇，通往市区的唯一公路，已经多年失修，坎坷难行，成了一条严重影响当地老百姓生活的烂路。陈永锵见此，完全可以以他的影响力叫些记者来报道，但他知道当地官员也有许多难处，就按兵不动。

机会来了，有一次，陈永锵与广东省副省长雷于蓝见面时，雷于蓝说："我曾在江门市当过市长，有空会到恩平探望你。"

太好了，陈永锵的聪明不请自来，他向雷于蓝汇报了这条路的烂与难。雷于蓝听后表示同情，但她也表示她的职权管不了这个点上的事。

陈永锵说："这个很简单，您只要跟恩平市政府去个电话说，想到那吉看望陈永锵，但听说路很烂，还有其他路方便走吗？就行。"

结果，雷于蓝副省长真的打了这个电话。不久，路就修好了。

虽然这得益于陈永锵与政府官员良好的私人关系，才把困扰群众出行难的问题解决了，但这种手段，也是陈永锵在官场"旅行"时学习到的。

陈永锵希望这个故事不要写，他只是说给我听听，证明他所说的"聪明如我"确有其事。

1993 年 陈永锵与黎雄才

34 不敢当岭南画派的领袖

2006年4 月，陈永锵被广州美术学院聘为岭南画派纪念馆馆长，这是中共广东省委宣传部属下的一个副厅级事业单位，在全国各画派中绝无仅有，第一任馆长是岭南画派大师黎雄才。

黎雄才是广东肇庆人，1910年生，自幼酷爱绘画。1924年，就读于肇庆中学。1926年拜高剑父为师，翌年入高剑父的春睡画院学习，并一度在广州烈风美术学校兼习素描。1932年，得到高剑父资助，赴日本留学，入东京美术学校学习日本画。1935年毕业归国，任教于广州市立美术专科学校。1939年任教于肇庆第七中学。1943年，受聘于重庆国立艺术专科学校，任副教授。1948年任广州市立艺术专科学校教授。中华人民共和国成立后，先后任华南文艺学院教授，中南美术专科学校教授，广州美术学院教授、副院长兼中国画系主任，中国美术家协会广东分会副主席。

在陈永锵读研究生时，黎雄才就非常关心陈永锵，首次见面，他就摸一下陈永锵的右手中指上的老茧，看他是不是在勤奋画画。他还劝陈永锵少参加各种无关紧要的活动，多留时间画画。

当时广东媒体以“陈永锵，岭南画派新的掌门人” 为题报道了这个新闻。

不知道是媒体的误会还是陈永锵谦虚，他绝不认可他是岭南画派新的掌门人这个说法，认为自己不过是岭南画派纪念馆这个“庙宇”里的“庙祝”。

岭南画派是海上画派之后崛起的最成熟的体系，影响很大。创始人为高剑父、高奇峰、陈树人，史称“二高一陈”。它是岭南最具特色的文化之一，它和粤剧、广东音乐被合称为“岭南三秀”，是中国传统国画中的革命派，是中华民族绘画史上的一个重要的民族绘画流派。

关于岭南画派， 他说：“辛亥革命时期，跟居廉学过画的画家高剑父、高奇峰、陈树人参加了孙中山的同盟会。他们从画家变成了职业革命家。高剑父声称自己：上马杀贼，下马写诗。这是艺术救国，改造旧中国画的新的艺术主张。二高一陈在积极参加辛亥革命的同时，对艺术提出了折中中西、融汇古今，反对只定于一尊，泥古而不化，故步自封，主张包容与创新，旨在振兴民族精神，为人生而艺术等一系列主张。”

后来，有人研究这段历史时，把它命名为“岭南画派”。听说高剑父在生前也不认可这个提法，觉得把它定位于岭南区域，太狭隘了。

“从这个概念来说，岭南画派是一段历史，不是严格意义上的一个艺术派系组织。要指认谁是岭南画派的画家都很困难，更难说出谁是当代的领袖、掌门人。”

岭南画派是一个现代美术史上的概论，是一种理念，它的核心价值我认为是这样：为了民族的振兴，改革开放，包容与创新。

历史是一门功课，我们只有学习岭南画派的艺术主张与精神，才能将其发扬光大。陈永锵这样一说，我就明白，他不想借先人的光环，照亮自己。

2012 年，中国当代画派联谊会主席刘文西希望副主席陈永锵在广州组织第三届全国画派的联谊活动与作品联展。如果全国各画派云集广州，将会热闹非凡，刺激一下广东画坛，怎么说都是一件好事。而且陈永锵曾与多个部门有联系，也能得到广泛的支持。但他还是纠结了一年多，老是忐忑不安，举棋不定。

1985 年陈永锵陪同关山月看画展

这不是能力有限，也不是经费问题，他考虑的是自己在此间的角色问题。最终，2013 年春节过后赴延安采风时，他写了一封请辞信，带到了西安，与刘文西见面，并与刘文西、赵华胜二老坦诚地说了自己的想法。

陈永锵说："岭南画派与当下中国的诸多画派都不同，不同之处就在于组织形式。诸画派都有鲜明的组织形式，都有领袖，但这些岭南画派都不具备。如果以岭南画派的名义在广州办，问题就来了，就会被广泛误解为我竟以当代岭南画派的领袖自居，这极为可怕。"

听了陈永锵的话，我也觉得他谨慎了一些。今天，我们每个人都可以用微博、微信、微视等自媒体来宣传炒作自己，有一些人还通过关系，利用公共媒体来炒作自己，提高画作的成交价。他有机会打起"岭南画派"的旗帜，炒作一下自己，有什么不妥？

这些年来，陈永锵被社会所重视，被称为旗帜式的人物。关于旗帜，陈永锵在各种场合说过他的旗帜观："旗本来是布做的，印上什么标志，就成了什么样的旗帜，有了特定的意义。但不是布的本意与抉择。然而，既然一块普通的布成了旗，就承担了尊严与责任。旗并没有自己的想法，但旗的每一次高举或摇动，代表的都是一个群体的理念与意志，就会有人跟随着这面旗帜，冲啊冲，有些人甚至牺牲了。但旗从来不会自己贸然膨胀。”

显然，这是个文化符号与哲学思辨问题，更多的是启发人们的思考，不需要有答案。

一个画家能有这样的思考，内心应该很强大，炒作不炒作，都没有关系。

“现在，世界已经成为地球村，奢谈画派，有点不合时宜，原创才是绘画的本色。”

这句话，也是陈永锵说的，这才是不搞画派集会，不想当领袖的心里话。

2013 年 3 月，陈永锵的岭南画派纪念馆馆长的职务，在他多次向上级请辞和极力推荐李劲堃接任中，终于退守为名誉馆长。他对大家说，任馆长的七年，全赖于大家的信任、包容与支持。他在任上做了三件事： 一是将比自己优秀得多的李劲堃先生，请到马上；二是尊重高剑父遗属的要求，将高剑父的坟墓从香港迁回广州安葬；三是倡议与组织岭南画派纪念馆的工作人员，年年清明都要到岭南画派的先贤墓前致敬与缅怀，当然，也包括安葬在南京栖霞山的高奇峰。

对死者的态度，最能看出生者的品德。

野岭云烟 1998年 陈永锵

山涧 陈永锵

35 自由是艺术的灵魂

在茂德公艺术馆开馆仪式上，中山大学教授、评论家谢有顺讲到了“艺术的灵魂是自由”这个概念，直指艺术的本质。接下来到陈永锵讲话。他说：“我不知道艺术百度上是怎样解释的，我的理解是：艺术是人类向往自由、追求自由并享有自由的生活方法与方式，自己能支配的时间越多，自由度就越大，反之亦然。”

每个人对艺术都有不同的理解。站得高、看得远的人，对艺术有一种看法，人类在现实生活中无法实现的梦想，可以通过艺术呈现出来，这就是艺术。如果在现实生活中通过科学的方法能够实现的，就是技术。只看脚下、看眼前的人，对艺术的理解可能简单一些。对普罗大众来说，艺术不过是一张画、一本书、一部电影、一首歌而已。

艺术的确很深，深到所有的艺术家终身都在追求。艺术也可以流于世俗，浅到“公讲公有理，婆讲婆有理”的市井街声里。

有些事，看起来深，其实很简单。比如说雅与俗，一句话就说清楚了：雅就是花钱，俗就是赚钱。

有一天夜里，在陈永锵的新放怀楼，喝着茶、抽着烟，谈论艺术的话题。陈永锵穿着短衣短裤、光着脚丫，谈几句，又在画墙上的《豪情万里驰雄风》

上画几笔，显得自由自在。在我看来，这种生活方式本身就是“艺术”。

在座的香港艺术评论家陈修明说：“不能简单地把陈永锵定位为花鸟画家。他画的木棉花、向日葵、鱼已经很出名，如果只画这三样，就可以卖大价钱。但陈永锵更多的时间在画他身边的一草一木，岭南的各种花卉、亚热带瓜果，他不知画了多少遍。他写生的足迹，已经遍布全国各地，甚至跨出了国门。他是在写生命。”

陈修明特别反感画家一见面就问：“你的画多少钱一平方尺？”他认为这是生意人，不是艺术家。

艺术家不是在写生的路上，就是在画室里安安静静地画画、阅读与写作。整天想着怎么炒作，忙着推广宣传自己，无心画画，即使画价一时上去，迟早也会掉下来，因为艺术从来不是炒作。

陈永锵从小开始学画，先后获得了朱庸斋、黎葛民、梁占峰、陈芦荻的诗学、画学启蒙。又经过美术学院严格的专业训练，论写作，他是真正意义的诗人；论绘画，他在继承传统的基础上，闯出了一条与众不同的新路，画风大气厚重，沧桑静美。

我看过李伟铭、陈修明、谭天等人对陈永锵的评论，知道了他的艺术达到什么样的高度，知道了他的绘画语言与风格，知道了他在绘画艺术上有哪些突破与创新。张晓凌这样评价陈永锵：其艺虽多受惠于岭南一脉，却因其豪放浪漫的性格、蕴蓄深醇的学养、通达淡泊的视野而超越岭南地域的束缚，在中西古今南北文化意识的砥砺中，渐次形成陈永锵式的花鸟画新风格。

陈永锵读研究生时的导师关山月、黎雄才、杨之光、陈金章、林墉等人对他的为人与艺术也有中肯的评价，我在这里就不重复了。2013 年 5 月，岭南美术出版社出版的《陈永锵画谱》一套七册，足以说明他的艺术功底。

我从传记作家的角度，谈谈我个人的看法。

画家是他作品的艺术母体，他有什么样的文化基因，就会生出什么样的“儿女”。作品是他表现思想的外在手段，是他在绘制自己灵魂的图形。如果画家画什么，没有自己的影子，那么只能算是一个画匠。就像现在的人，人人拿着

秋水无尘 戊子年 陈永锵

手机拍照，到了景区乱拍一通之后，什么真实的风景也没看到，更没有心思领略大自然的美。这样的摄影作品，过一段时间，可能连自己都忘记了，更不用说收藏。

中国传统的文人画中，多是画小花小草，喝点小酒清茶，或隐居山林，画面多以远景为主。但陈永锵的画一反常态，笔下都是大花大草。一棵树，只画一节大树身，看不见细枝与绿叶，但你能“想象”出一棵参天大树，遮天蔽日。木棉花与向日葵也是这样，他只取一个“镜头”，让画面突出，就像这些花开在你的眼前，触手可及。这种“放大”了的直接效果，正是艺术的表现力。哪怕是他画一片夏天的小草，你也能感受到“草有根，年年生” 的生命长河，触摸到生命的蓬勃与存在。

陈永锵说：“木棉花粗大的枝干举起的花朵，它代表骨气；硕大的向日葵，是我对阳光快乐生活的向往。”

让人感悟生命的存在，还有陈永锵画的那些我们身边的风物，河边的小船与渔网；庭院里的小鸡与农具；屋前与屋后的姜花与野草。我在读这些画时，常常会想起我的故乡，我住过的老屋与流失在岁月中的童年时光……

陈永锵的画，与传统的文人画，饮酒吟诗、讽刺朝野、远离世俗的“不合作”精神，有着天壤之别。

他是用画笔描绘万物，歌颂生命！

由于有过硬的写实功底，陈永锵的画在写实的基础上更加厚重，画面一层一层，哪怕是一片叶子，也在阳光下透出厚重的美。更难得的是，他绘画的色彩，始终保持着青春的激情，灿烂而又不媚俗。

这也是大家喜欢收藏陈永锵的画的一个原因。

也许，陈永锵的人生经历过于坎坷，对时间与生命过于敏感，他的一些画，也让我感受到生命的沧桑。尽管沧桑是生命的一个重要元素，就像死亡一样，是生命的必然，但每个人活着的时候，都渴望诗意的美，而且中国画追求的是诗意美。墨在接触宣纸的瞬间，所获得的“偶然性”画面，可能实现中没有，但正好是每个人心中的风景。我也希望今后陈永锵的一些画能给人留下更多的想象。

好的绘画技术能为艺术插上翅膀。如果陈永锵愿意，什么样的画他都能画得出来。不过他说自己是个“固执”的人，艺术上已经抱一归宗。

不过，我在读陈永锵画的鱼与月亮时，有过无限的想象。我在浙江省乌镇一个由大户人家的小姐闺房改成的宾馆里度过了一夜，窗外是一条静静的河流，倚窗俯视，月光皎洁。我想起了陈永锵画的鱼，侧游在月光下的河里，水与鱼的关系如此绵长。

听说在陈永锵的故乡，过去流传着这样的习俗：妻子怀孕后，就要回娘家住，丈夫要探望妻子，只能等每月十五月圆时。在陈永锵好多画鱼的作品里，都有一轮圆圆的、皎洁的明月。这种来源于生活的艺术，当然比仅仅把鱼寓意为“年年有余”内涵丰富得多。从某种意义来说，对艺术的解读，需要读者有更高的文化素养，作品才能引发共鸣。

艺术的灵魂是自由，最高的艺术境界就是画自己，当画家在自己的作品上

2013 年 5 月岭南美术出版社出版的《陈永锵画谱》

签完名，他的人文精神也跟着移植入作品中。世界上历代的好多名画，现在很少有人评论画作本身，而是大谈特谈画家本人。

在中国，道德文化至上，画家还要有好的人品。否则，谁会买一个品行坏的人的作品，挂在自己的厅堂里？如果一定要对陈永锵的艺术风格有一概括，我想用他的话说更准确。他说：“我的画，也许就是我对自己人生的诚实交代。我要写意地画写意的画。”

尽管他已大名鼎鼎，在传统的中国画中有所创新与突破，但他还在探索，这正是艺术的生命力！

生命、自由、自然，正是陈永锵对艺术毕生的实践与追求。

2004 年陈永锵在内蒙古草原上骑马，感受马的精神。

36 写生路上

从 1977 年 8 月 18 日第一次远行到黄山写生开始，陈永锵的足迹已走过中国与世界的很多地方。

1979 年读研究生时，陈永锵到敦煌临摹莫高窟壁画，在那里遇到了平山郁夫。

平山郁夫 1930 年生于日本广岛，日本著名画家，原日中友好协会名誉会长，东京艺术大学校长，以《佛教传来》在日本美术界崭露头角，其后相继以《入涅槃幻想》《大唐西域壁画》等佛教题材的画作，成为日本最顶尖的画家之一。平山郁夫也是第一次访问敦煌莫高窟，在相识的日子里，他很喜欢这位中国研究生，希望陈永锵到他任教的东京艺术大学深造。平山郁夫回国后，曾经多次给陈永锵写过信，欢迎他去日本。由于当时陈永锵已毕业被分配到广州画院工作，画院规定要工作五年才能出国留学，留学梦才没有实现。

毕业创作时，他到了广东肇庆市的鼎湖山写生，在庆云寺一住就是一个月。在山上，他与寺里的一位出纳员同住。有一天，一大早起床，他发现出纳员不见了，左等右等，都不见出纳员回来，他怕出事，守着保险柜不敢离开。快中午时，出纳员才气喘喘地跑了回来，手上拿着一块白的确良布，要陈永锵帮他画一棵迎客松。陈永锵到过黄山，画迎客松好办，问题是画在布上，从未画过，但也不好拒绝，只好画了起来，他刚下墨，出纳员就说"松叶怎么不是绿色的？"

呵呵呵，陈永锵就把松叶画成了绿色。为了尊重这样热心的年轻人，陈永锵也"俗"了一把。

对于大多数人来说，再现自然是艺术的基本认知，而通过自然看到生命的本质，才能更好地通过色彩表达画家的思想。就像鼎湖山的原始森林，看起来杂乱无章，但又非常有秩序。鼎湖山的人、和尚与树，呈现出一种自然的和谐。陈永锵就是从这些自然的色彩与秩序中，寻找到自己的绘画语言。这些语言，是从大自然中"听"到的。从此，陈永锵从传统意义的文人画中走出来，不再是画一枝独秀、一茶独饮、一鱼独游的清高与不合作精神。

他要与大自然的众生和唱，张扬生命的艺术理念，就是从鼎湖山开始的。

遇见过生，也会碰见过死。

那年在新疆边陲草原上写生，经历的一切，让他内疚至今。辽阔的草原上，他目睹了一个哈萨克族少年的欢笑与死亡。

广州解放时，陈永锵家附近驻扎过骑兵部队，他从小就喜欢当兵，而且要当骑兵。加上长期生活在水乡岭南，非常向往"骏马秋风冀北"的诗意情景。喜欢写诗的他能想象出：一位少年军人，骑着汗血宝马，手握战刀，策马扬鞭，奔驰在辽阔的草原。那时，他正崇拜着夏伯阳。

人类最高贵的征服，就是驯服了野性剽悍的马，马与人们一起，分担着草原的劳苦，同享着沙场战斗的光荣。马一听到枪炮声，就会兴奋异常，冲锋陷阵，与它的主人一样，具有无畏的精神。马一旦战死，战士们就会为它鸣枪示哀，树碑立传。从这点来讲，马的勇敢精神，同样征服了人类。

这次来到草原写生，不惑之年的陈永锵实现了少年时的梦想，他跨上了骏马，但骑来骑去，始终飞驰不起来。正放马小跑时，一位十二三岁的哈萨克少年，突然策马奔来，调皮地去惊动陈永锵的马。也许，他认为每一个人与生俱来，都会策马扬鞭。

受惊的马狂奔起来，陈永锵紧紧地抱着马脖子。

想象与现实总是有距离，当少年时梦想的马飞跑起来，马背上的陈永锵却惊慌失措，不知如何是好。眼看就要摔了下来，五位哈萨克青年骑着五匹骏马冲了过来，把陈永锵的马稳住，这一幕有惊无险。但一匹骏马经过少年的身边时，骑手扬起了马鞭，狠狠地向那个惹事少年的身上抽了下去。

下午，被鞭打的少年独自跑到林子里上吊死了。

少年的玩伴把他的死信平静地告诉了陈永锵：“他不听话，不乖，天收回去了。”

少年的死本来与他无关，但又与他有关，每个人都会为自己的梦想付出代价。

葬礼在傍晚时分举行，夕阳西下，草原红遍，少年已安安静静地躺在一辆马车上，身上盖着一块洁白的布，像要去他梦想的地方旅行，连女人的哭声，都压得好低好低，生怕吵醒他。一匹又一匹的护卫马，走在路的两边，走几步，停一下，再走几步，缓慢而肃静地向一座山坡走去……

陈永锵含泪讲述这一幕时，我对哈萨克族人对待生与死的态度，肃然起敬。

写生在路上，不管是写生还是观看，都是走在人生的路上。生命是单程车票，谁都要到达终点，只不过是先后不同而已。

豪情万里驰雄风 甲午年 陈永锵。2014 年春季华艺拍卖会上，这幅画以 460 万人民币拍出。

竹声 1983年陈永锵

37 形形色色的买画人

有人卖画，就有人买画，什么样的人买了锵哥的画呢？

先说一个女大学生。有一天傍晚，她一个人咚咚地跑到了锵哥的家，她说要买一张锵哥的画，送给招聘单位的领导，因为听说那位领导非常喜欢锵哥的画。但她没有那么多钱，她自称是一个大学生，只有5000元，求锵哥卖一幅四平方尺的画给她。听明白女孩子的意思之后，锵哥怕自己与一个年轻的女子单独在一起，说不清楚，就大声叫老婆到楼上的画室来。

娟姐上楼后，问清楚了缘由，说："你这点钱，买不了他的画，这样吧，他送一幅四平方尺的书法给你，钱就不要了，拿回去送人，快点找个好工作。"

女孩子拿着书法作品，高高兴兴地下楼了。楼下停着一辆小轿车，有几个男人在车上等她。

看到这一幕，锵哥不知道自己是好心还是上了当。他这样做，真的只想能帮上她。

再说一对云南的教师夫妇，有一个独生女，正在上高中，他们有一点钱，想投资绘画作品，将来赚点钱，送女儿出国留学。他们在网上查看了很多国内的著名画家，觉得陈永锵的画有投资价值，就直接飞到广州来找陈永锵买画。

陈永锵对他们说："我也不知道我的画过几年是否会增值，这样吧，你们有心，那么远来，我把画卖给你们。将来画贬值了，你们女儿又需要钱读书，我再把钱退回给你们。"

这对云南的教师真的有投资眼光，从他们买画到现在，锵哥的画价升了几倍。后来这对夫妻给锵哥来过一封信，说女儿已经到了外国留学。

还有一位佛山市的公务员，收藏锵哥的画前一直炒股票，但那几年市道不好，亏了不少钱。朋友介绍他来买锵哥的画。开始他心大心小，试着买了几幅，后来锵哥的画升值快，比股票赚钱，这位公务员干脆把股票全抛了，都买了锵哥的画。几年下来，已收藏了不少，正在编印一本自己的收藏画册。

我在陈永锵的画室采访时，遇见了番禺长堤文化园的老板大丁，他经营安徽宣纸与画廊生意，是个大收藏家，出版了一本有两百多页的陈永锵画集，我随手翻了一下，好多锵哥得意的作品，都被他一网打尽。

锵哥指着大丁介绍说："他是送最多钱给我的人。"

因为锵哥的名声大，也引来了不少骗子。几年前，一个老女人找到锵哥家。"叮咚"过后，一见锵哥，就大声骂了起来："锵哥仔，你现在了不起了，不认识我了。"

自从当了广州市文化局副局长之后，就没有人敢对他说过这样的话。锵哥怕一时想不起她是谁，得罪了她，连忙说："大姐你请坐，喝杯茶再说。"还未坐下，老女人就说开了："我是澳门行政长官何厚铧身边的工作人员，代表澳门政府来采购你一批画，中午在中国大酒店宴请你，再洽谈。到时何厚铧出席，你们广州市老市长黎子流也出席。"

告知中午在中国大酒店吃饭的房间号后，老女人就离开了。锵哥还安排自己的司机专程送她回中国大酒店。在路上，老女人问司机全哥："现在还有时间，我先到医院补下牙，但没带人民币，你身上带不带钱？先借我一千元，晚上再还。"

辉煌 2008 年 陈永锵

司机全哥不好当着老女人的面请示锵哥，心想如果被骗就骗了，万一是真的，到时又被锵哥骂死，就掏出一千元，送老女人到了医院。

中午，到中国大酒店前，锵哥去理了头发，还郑重其事地穿上西装，打着领带，带着娟姐高高兴兴地赴宴。一说这个房间的号码，酒店的工作人员说:“你上当了。”

后来才得知，那位老女人用同样的方法，在广州骗了好几位文化名人。

本来，家丑不外扬，但锵哥说起这个被骗的经历时，没有半点生气，觉得很过瘾，好像丰富了他的人生经历。

最好笑的是一位西樵的老朋友。1976年周恩来总理去世时，陈永锵出了一期纪念周总理的墙报，其中画了一张周总理的半身像。这张画像被这位朋友撕了下来，小心翼翼地保存了30多年，当锵哥的画升到每平方尺四万多元时，他拿了出来，硬要锵哥签名盖章确认。

面对这样的收藏者，除了感慨，还能说什么呢？

陈永锵可能是岭南地区画作最多的画家之一，买画的人千姿百态也就不足为奇。

画卖得好，钱赚得多，说起话来底气十足，这就是现在的陈永锵。他不用给自己的脸上贴金了，专门讲一些好笑有趣的故事，已经不影响身份。

除了投资收藏外，有一点不能不说。在中国，艺术为政治与经济服务，在历代历朝中都很突出。现在，达官贵人喜欢锵哥的画，也无形中把他的画价推高了。这虽然得益于经济的发展，但必须真实地表达。

1976 年周恩来逝世时陈永锵画的墙报报头，被收藏者整张完整撕下，保存了 30 年之后，再拿出来找陈永锵补题款和签名。

2013 年“羊城九老”在一起作画。

38 人生不过是一场画展

66岁的陈永锵已经画了多少幅画，谁都无法统计，连他自己都说不清楚了。这30年来，他在国内外举办的个人画展多达70多次，参与的联展已达100多次。

有人甚至这样说：锵哥办画展不是新闻，不办才算新闻。

大到中国美术馆，小到画廊、私人美术馆，凡是邀请陈永锵搞画展的地方，只要条件尚可，陈永锵都来者不拒，包括官员、徒弟、同行，不管是不是在一条艺术的水准线上，陈永锵都会精心挑出画来参加他们的联展。陈永锵个人认为：联展不是竞技比赛，它是一种友情的展现，没必要计较身份地位，人生不过是一场画展，多几场更精彩。

事实上，他一直把自己当成一个平民，只不过天赋要画画而已，没有什么了不起。

从青少年时代到年过花甲与他一直友好的画家李筱孙、叶泉、陈永康、许固令、卢德平、招炽挺、黄树文、陈孝能，这些风雨故人，与他一道自然而然地组成了“羊城九老”的绘画联盟。他们陆续退休后，经常在一起乐，无分尊卑，联合作画，每个人都有一项专长，他们是招之即来、来即能战、战即能胜。这样的组合绘画，效果常常是出其不意，让人耳目一新。

但不管何种理由，一个画家，频频举行画展，还是引发了业界的异议。

有人说陈永锵是美术界的劳动模范。

有人说他是画展狂人。

有人好心劝他说：搞画展很辛苦，要注意休息，保重身体。

有人说陈永锵的创作题材已经枯萎，老是画那几样东西，30 年变化不大。

甚至他的老师陈金章也在媒体上公开批评："陈永锵画得太快了，要那么多钱干吗？看到自己心爱的学生只想着卖画赚钱，我很痛心。现在他都没有太多艺术上的思考与磨砺。画画就要慢一些，就要追求表现的极致。"

面对各种恶意的、无知的、善意的议论，陈永锵一律采取不争辩、不解释、不检讨的态度。他说："唯有向自己的心深处走，才不会重复别人的路。"他认为一个画家画画、办画展和出画册，就如同所有的人工作、娱乐、休息一样平常。像古人所说的一样："直言不辩。"

在我看来，绘画艺术是一种美的传达，是一种体验的艺术，不同于一般的文化知识，通过各种媒体就可以传播。画一定要大，在特定的环境里驻足观赏，才能品出其色彩的韵味，触摸到作者的体温，美术馆的出现，就是为艺术作品提供展示的空间，是人类智慧的结晶。我们去电影院看电影与在手机里看视频，一样的内容，但有不同的视觉感受。

我不是为陈永锵辩解，只是说出个人认知。

陈永锵的小儿子陈志彦告诉我："父亲画的木棉花、鱼、向日葵，市场需求量有点大，订单多了，觉得父亲老在画这几个题材，也很无奈。有时，让他有更多的创作自由。父亲也告诉我，他不可能只为钱画画，这不是他要画画的本意，他要有个休渔期。他警告我，一律不准收订金，收了才画，像欠别人的债，少了尊严与自由。"

好在陈永锵并不狡辩，他承认自己很世俗，"不是一个为艺术而艺术的人，而是一个为人生而艺术的人"。

市场与艺术冲突时，需要艺术家智慧的表现。我也赞成锵哥设"植树节"

与“休渔期”。

对于一个画家来说，古往今来，画展都是天大的事，往往比自己结婚的婚礼还重要。要展什么样的画，提前创作，选哪幅画参展，日思夜想，还拿不定主意。裱画、装画、运输、场地、租金、观众、出画册、媒体宣传等，样样都要考虑，搞不好还引来一片批评声。

就有画家在画展中累死，也许他们少了点平常心。

好在这一切事务，陈永锵都不用亲自打理了，已经交给儿子专业的渔歌晚唱画廊代理。陈永锵只需要在开幕那天，露个脸就行了，有些小型画展，干脆交给儿子陈志彦直接办理。

我在采访中了解到，陈永锵年轻时确实“年轻气盛”。但我认识陈永锵时，他已经步入了花甲之年，只是平静地讲述画展中的小故事，已经没有一点疯狂的感觉。

在中国美术馆的三次画展，阵容强大、场面热烈，不可复制，因有媒体广泛的报道，他说：“就不说了。” 这口气听起来也很牛逼。

他说起在南京与成都的两次画展中的小插曲，我却记得清清楚楚。

有一年，南京美术馆邀请他去搞画展，他交了99幅画，但展出时，点来点去，都是98幅。陈永锵的画在南京被盗，那还得了。美术馆要求报案追查。锵哥说：“画展期间就不要折腾了，我减少一幅得了。等画展结束，你们内部怎么样查办，是你们内部的事。”

撤展时，画又变成99幅，原来是工作人员装框时粗心，把两幅画叠在一起了。

在成都办画展时，应准备的都准备好了，临开幕时，突然停电，嘉宾们都到了，主办方很尴尬，有人主张给市长打电话求援，问锵哥怎么办。

“麻烦你们去买点蜡烛，办烛光画展。”

结果在嘉宾签到处，排着一支支蜡烛，让人联想到某种追思仪式，有人想说，又不好说。这次画展的开幕式上，每个人手拿一支蜡烛，绕着展厅，一幅画一幅画慢慢地看，史无前例。

不管是行还是不行，陈永锵都前行了。不管是有电没电，灯亮不亮，心都要亮，画展照样进行。

在黑暗中，我们才能看到一个画家本色的光辉。

就像陈永锵筹办“廖冰兄人文艺术基金会”一样，他帮助需要帮助的艺术人才与项目，全部通过“廖冰兄人文艺术基金会” 去实施。这个艺术基金会陈志彦负责具体运作，已经惠及了几批贫困地区的具有绘画天赋的少年。

我曾经问陈永锵：“你现在名气也很大，为何不用自己的名义成立基金会？”

他没有回答我的问题，只是说我自己算什么，然后，笑了一笑。

有的微笑不仅仅是开心，还有开怀！

陈永锵的木棉花在浙江美术馆展出。

陈永锵专题作品展
COTTON TREES · THE VIGOROUS SPIRIT OF LINGNAN
SOLO EXHIBITION OF CHEN YONGQIANG
主办单位 Organizer
协办单位 Co-organizers
承办单位 Hosted by

2010 年在中国美术馆举行画展。

2013 年，陈永锵在画室接受传记作家陈文采访，断断续续长达一年。

39 结尾，美中不足的书出了

这是一本部分内容有“争议”的书，因为真实，陈永锵与他的家人一时无法接受，提出如果要正式出版，必须删掉几个章节。艺术家在追求美的路上，一些浪漫的人生故事，可能抵达了道德的边界，现在还不是时候。我尊重传主的意见，作了妥协删改。

这本书，有了美中不足，不敢奢望成为经典。但至少读者买了这本书，还能轻松地读下去，不至于骂我粗制滥造。大家都明白，在这个文化快餐时代，坚守一种信念，是多么艰难。就像陈永锵，六十六年来，坚持做自己、说自己、画自己一样艰难。

我不敢说，我十分了解陈永锵。尽管我知道有些话，他还藏在肚子里，永远不会对我说，但我能想象得出那是什么。可以说，对陈永锵的了解，除了他与他妻子外，我是了解他最多的一个外人。

因为了解，我不再崇拜他。也因为了解，我喜欢他，喜欢他食人间烟火，活得有滋有味；喜欢他率性率真，活得有血有肉，有情有义；喜欢他犯错误，虚心接受批评，一切照旧。他是一个人，生活在我们中间，与我们呼吸着一样被污染了的空气。

他本来是一位大画家，可以拔高来写，在精神境界，他确实有很多高尚的地方。但我把他当成一个普通人来写了，因为我们每个人身体部分都处于世俗之中，谁也不会例外。他生活中的酸甜苦辣、七情六欲都写了，可能是败笔，也可能是未来人物传记的走向。我们这一代人，仰望神坛上的偶像太久了，已经患了严重的颈椎病。再这样下去，离真实会越来越远，我们在世界的面前可能连头都抬不起，事实上已经抬不起了。就像现在很多贪官，语言华丽，形象高大，但瞬间就轰然倒下。

感谢陈永锵，尽管他官至厅级，画价高达每平方尺数万元，是广东都城隍庙牌匾的书写者，但他从不高高在上，而是选择与我们芸芸众生一样，老老实实做人。不过，他是一个顽强地走在自己路上的人，走出了属于自己的人生。

2015 年 1 月 1 日

陈永锵题写的广州都城隍庙牌匾与对联

陈永锵常用印

永鏘

西樵山人

明月清風放懷自得

法貴天真

永鏘

花甲

樂在故園秀壄間

生命大地陽光

人在旅途

南海漁父

陳永鏘

放懷樓

抱一守真

南海漁人

放懷樓

陳永鏘印

放懷別館

穿越花甲

樵廬

放懷樓

家在西樵山下

嶺南風骨

放歌天地 懷抱古今

陈永锵艺术活动年表

1948　戊子　6月15日（农历五月初九）生于广州市

1962 壬寅年　　14岁

从梁占峰先生学花鸟画

1969 己酉年　　21岁

从黎葛民先生学山水画

1973 癸丑年　　25岁

“鱼跃图”入选全国美展

1974 甲寅年　　26岁

“花儿朵朵”入选全国年画展

荣宝斋出版“鱼跃图”

1981 辛酉年　　33岁

广州美术学院中国画系研究生毕业，文学硕士

广州画院专业画家

岭南美术出版社出版《孙悟空智斗三妖仙》等连环图

1984 甲子年　　36岁

“土地”入选第六届全国美展，被评为优秀作品

1985 乙丑年　　37岁

加入中国美术家协会

在广州画廊举办首次个展

1986 丙寅年　38 岁

在新加坡举办个展

出版《陈永锵画选》

1987 丁卯年　39 岁

在澳门举办个展

1988 戊辰年　40 岁

增补为中国美术家协会理事

出任广州画院院长

澳门东亚大学讲学并举办个展

在香港、台湾分别举办个展

1989 己巳年　41 岁

向广州市教育基金会赠作品八十件

“南粤雄风”入选第七届全国美展

出版《陈永锵画展图录》

1990 庚午年　42 岁

当选广东美术家协会副主席、广州市文学艺术界联合会副主席

创办广州少年儿童美术教育促进会并出任会长

在美国休斯敦、纽约、旧金山、洛杉矶四城市举办个展

1991 辛未年　43 岁

被评为广州市优秀专家

1992 壬申年　44 岁

出任广州市文化局副局长兼广州画院院长

1993 癸酉年　45 岁

率广东音乐曲艺团赴英国演出

率“广东中国画展”赴日本福冈展

被评为享受国务院政府特殊津贴专家

在深圳美术馆、广州美术学院、江苏省美术馆、上海美术馆办个人画展

出版《陈永锵画集》

1994 甲戌年　46 岁

连任广州市文学艺术界联合会常务副主席

“鸡冠花”入选第八届全国美展

在北京中国美术馆举办个展

出任’94 中国艺术博览会总监

1995 乙亥年　47 岁

出任’95 中国艺术博览会总监

在黑龙江省美术馆举办个展

出任’96 广州国际艺术博览会总监

1997 丁丑年　49 岁

出任’97 广州国际艺术博览会艺术总监

受聘为广州师范学院艺术系名誉主任兼职教授

再度被评为广州市优秀专家

在广州博古斋、四川美术馆举办个展

1998 戊寅年　50 岁

在深圳关山月美术馆、广东美术馆、香港大会堂举办“沃土薰风·陈永锵作品展”

出版画集《心迹》和散文集《沃土薰风》

1999 己卯年　51 岁

“原上金风”入选第九届全国美展

2000 庚辰年　52 岁

赴台湾地区考察并与台湾艺术家开展学术交流活动

在广东省中山市博物馆、番禺时代艺术中心、甘肃省兰州市秋田友好会馆、山东省烟台市博物馆、陕西省西安市历史博物馆举办个展

在广州文物总店举办“陈永锵画鱼展”

2001 辛巳年　53 岁

由广州市文联、兰州市文联、兰州市教委主办的“回报甘肃——陈永锵助学捐赠画展”，分别在广州市及兰州市举行；向山东省烟台市“向日葵残疾儿童乐园”捐赠作品两幅

在广东省顺德市致尚美术馆、番禺南沙德品文化中心、安徽省合肥市久留米美术馆、南海敦煌文化中心举办个展

参加中国美术家协会主办“百年中国画展”，由人民美术出版社出版《百年中国画集》

参加中国文联等主办“第四届当代山水画名家作品展”

2002 壬午年　54 岁

在广东省汕头古今美术馆举办个展

岭南美术出版社出版《中国著名画家技法丛书·陈永锵画马》

参加中国艺术研究院美术研究所及中国对外艺术展览中心主办“世纪风骨——中国当代艺术 50 家展”

参加中国艺术研究院主办“中国画名家学术邀请展”

在广州艺术博物院举办“生命·大地·阳光——陈永锵晋京画展预展”

在北京中国美术馆举办“生命·大地·阳光——陈永锵画展”

人民美术出版社出版《中国当代名家画集·陈永锵》

人民美术出版社出版《当代芥子园——陈永锵画鱼》

参加文化部艺术司、中国画研究院主办“东方之韵——2003 中国水墨画展”

参加中国美协主办“中法文化年——中国风情·当代中国画作品展”

2004 甲申年　56 岁

参加由中国美协组织印尼、马来西亚写生创作

“紫荆”入选第十届全国美展

参加中国艺术研究院美术研究所主办“黄宾虹国际学术研讨会系列展览”活动

参加中国美协主办“中国画家眼中世界——东南亚写生创作展”

2005 乙酉年　57 岁

获“优秀人民艺术家”称号

应文化部邀请创作“岭南花”，该作品随“神舟六号”遨游太空

率广州文艺家代表团赴日本参加世界博览会并与福冈市艺术家开展文化交流活动

参加国家科学技术奖励大会工作办公室主办“科学与艺术——大型中国画展览”

参加人民日报社、中国美协等主办“纪念中国人民抗日战争胜利 60 周年大型书画展”

参加文化部和中国美术馆主办“当代中国画学术论坛、首届当代中国画学术展”

2006 丙戌年　58 岁

出任岭南画派纪念馆馆长

参加由中国美术界组织的“云南助学采风”活动，以个人名义捐资重建云南省龙陵县中岭岗小学（山花希望小学）

参加中国艺术研究院主办“上海合作组织元首峰会·当代中国绘画作品展”

参加全国政协、民革中央、中国美协主办“纪念伟大的革命先行者孙中山先生诞辰 140 周年美术作品展览”

作品“鱼跃图”被评选为 “广东美协 50 年 50 经典美术作品”之一

被广州市文联、广州市美协授予“城市美术杰出成就奖”

2007 丁亥年　59 岁

在广东省文联、《羊城晚报》等主办的 “当代岭南文化名人五十家”评选活动中当选为“当代岭南文化名人”

在广州军区文化大厦长城画苑举办“丹青·海陆空——陈永锵作品展”

在广州渔歌晚唱画廊举办“仲夏夜之梦·舞”个展

在顺德德懿艺术馆展出“陈永锵近作欣赏展”

在山东省潍坊市铭昶美术馆举办“璀璨南方——陈永锵近作展”

参加广东美协、广州美术学院主办“两岸三地岭南画派作品邀请展”

2008 戊子年　60 岁

出任广东樵山书院院长

为纪念陈献章先生诞生五百八十周年在江门市美术馆举办“茅龙新韵——陈永锵书画展”，并出版《茅龙新韵——陈永锵书画作品集》

在广州艺术博物院举办“茅龙新韵——陈永锵茅龙新作展”

在广东美术馆、东莞岭南美术馆和广州美术学院大学城美术馆分别举办“树·生命·年轮”个展

岭南美术出版社出版《树——陈永锵花甲抒怀》

在岭南画派纪念馆举办“与大家同行——陈永锵携广州市少儿优秀美术作品‘木棉红了’”专题展览

在广州市 98 中学举办“美的传承——承继·传延·超越”专题展

在深圳画院举办“芳心——陈永锵近作展 ”

在广东文联艺术馆举办“群芳百韵（诗书画印）—— 陈永锵画百花展，”并由人民美术出版社出版《群芳百韵——陈永锵百花画谱》

在广东省顺德德懿艺术馆举办“再续百花缘——陈永锵百花作品展”

2009 己丑年　61 岁

在广州市 98 中学举办 “我与岭南画”艺术讲座

在深圳画院举行艺术讲座

担任民进中央开明画院副院长

受聘为为中国艺术研究院美术创作研究员

2010 庚寅年　62 岁

赴西安参加“第二届中国当代画派联谊会”活动

赴西安参加 “中国画派·西安论坛”

受聘为广州美术学院客座教授

参加广州市文联赴加拿大友好往来展览

在广东阳江市组织三校（广州市岭南画派纪念中学、佛山市南海区西樵高级中学、阳江市关山月中学）学生“放飞理想”风筝活动

随民进中央开明画院赴台北国父纪念馆参加活动，接受前国民党主席吴伯雄、连战等接见

在珠海古元美术馆举办“群芳百韵·陈永锵百花作品展”

在广州渔歌晚唱艺术沙龙举办“回眸叁拾·陈永锵作品典藏展”

在杭州浙江美术馆举办“树与群芳——陈永锵花鸟画展”，并出版《树与群芳——陈永锵花鸟画创作展作品集》

在江西南昌美术馆举办“陈永锵中国画南昌巡回展”

在广东从化明月山溪省美协（方圆）艺术中心举办“陈永锵花鸟作品展”

在广州艺术博物院举办“岭南风骨·木棉——陈永锵专题作品展”

岭南美术出版社出版《岭南风骨·木棉——陈永锵专题作品集》

在浙江宁波举办“琴心·陈永锵书画作品展”

2011 辛卯年　63 岁

在广州市星海音乐厅举办“和·琴韵墨章”古琴音乐欣赏会

在广州美术学院作“中国的写意花鸟画” 主题讲学

被中国国家画院聘为中国国家画院研究员 .

被广州市人民政府评为“羊城慈善之星”

广东省民进开明画院成立并当选广东开明画院院长

受聘为中国画学会常务理事

在广州市纯阳观梅社举办“梅花·陈永锵画梅专题作品展”

在浙江省义乌市艺海轩文化会所举办“花发连年·陈永锵作品展”

出版《花发连年·陈永锵作品集》

参加中国国家画院、桂林市人民政府主办“大写者·中国画名家学术邀请展”

参加广东美协、广州美院主办“大家风范·当代岭南十人展”

参加广州市锦汉中心光合艺术空间举办“国家一级美术师十人展”

参加中国国家画院在西安主办“日出东方·全国著名画家作品邀请展”

2012 壬辰年　64 岁

元旦于广州市翰墨轩画廊举办“与众生和唱”个人作品展览，并出版作品集

1 月 3 日于顺德举办“羊城九老迎春作品展览”

1 月 4 日于南海区南庄镇文化中心举办“同游·陈永锵、苏里曼作品展”并出版作品集

1 月 10 日参加于珠江画廊举办的“花间记趣·陈永锵、方楚雄、李劲堃作品展览”，并出版作品集

2 月 26 日参加于广州美术学院美术馆举办的“笔墨新体·中国画大家作品展”，并出版作品集

2 月 28 日于石龙美术馆举办“同游·陈永锵、苏里曼作品展”

3 月 3 日，由中华人民共和国文化部、中国民主促进会、中共广东省委宣传部、中国美术家协会、中共广州市委宣传部、中国美术馆主办，中国国家画院、中国艺术研究院、广东省文化厅、广东省美术家协会、广州市文联、广州美术学院、岭南画派纪念馆协办，广东美术馆、广东省佛山市南海区人民政府承办，于北京中国美术馆举办“木棉·岭南风骨——陈永锵专题作品展”，并举办作品研讨会及出版作品集

3 月 15 日在番禺博物馆，由番禺区委宣传部、番禺区文广局等联合举办“木棉·岭南华彩作品展”，并举行“禺山对话·岭南华彩”专题讲座

4 月 26 日，于广州市某画廊举办“岭南春讯”个人作品展，并出版作品集

6 月 19 日于深圳市会展中心举办的“2012 深圳文化博览会”，展出了“岭南风骨·木棉作品展览”

6 月 28 日，在佛山市文联艺术馆举办了“陈永锵中国画学术讲座”

6 月 29 日于佛山市石景宜纪念馆举办“书画春秋·李小如、陈永锵作品展览”，并出版作品集

6 月 30 日，与广州市民进开明画院画家在渔歌晚唱艺术中心举行“读画会”活动

7 月 13 日，参加于岭南画派纪念馆举办的“墨境心语——当代岭南中国画名家条屏小品展”

9 月 20 日随广州市委宣传部组织参加“新疆采风行”活动

10 月 28 日，由岭南画派纪念馆主办，阳江市漠阳美术馆承办，于广东省阳江市美术馆举办“师师之道·陈永锵作品展”，并出版作品集

11 月于南京参加“墨来彩往——岭南、江南”艺术作品展览及其活动

12 月 5—8 日于广州市参加“全国画院院长作品邀请展”“广州画院三十周年系列画展”及“第十七届广州国际艺术博览会暨 2012 名家高峰论坛——全国画院院长峰会”活动

12 月 9—14 日与广州市委宣传部及广州市文艺家赴台湾参加“粤台书画艺术交流活动”

12月18日—2013年1月27日，于澳门回归贺礼陈列馆举办“木棉·岭南风骨——陈永锵专题作品展览”，并出版画册

12月27日与广州市众名画家到萝岗区参加“香雪缘·2012”笔会

2013 癸巳年　65岁

2月19日赴陕北参加由黄土画派组织的“采风·过大年”活动

3月26日于珠海古元美术馆举办“画意诗心·李筱孙、陈永锵作品展”并出版作品集

3月26日于珠海赏心堂艺术馆举办“信天游·陈永锵陕北采风作品展”

4月中旬赴扬州参加展览、采风活动

4月25日于番禺博物馆举办“雄姿英发·陈永锵、何穗鸿作品展”并出版作品集

4月28日于广州珠江美术馆举办“烟霞吟赏·陈永锵、方楚雄、李劲堃作品展”

4月四川雅安地震期间积极参与抗震捐助活动

5月13日参加于岭南画派纪念馆举办的“逸品大观·当代岭南大家中国画作品展”

6月6日陈永锵51米巨画亮相广州艺术博物院

2014 甲午年　66岁

5月广州华艺春季拍卖专场，推出了66幅作品

10月“家山草木总关情”在南海博物馆展出

12月“诗情画意”在广东文联艺术馆展出

12月陈永锵打假新闻成为《南方日报》投资收藏十大新闻之一

主要作品收藏情况

1991 •“雄踞南疆” 广州市人民代表大会常务委员大堂收藏

•“南粤雄风”北京京丰宾馆收藏

1992 •“绿风”上海美术馆收藏

•“土地”广东美术馆收藏

1993 •“葵花”上海美术馆收藏

1994 •“鸡冠花” 中国美术馆收藏

1995 •“藤” 黑龙江省美术馆收藏

1998 •“初夏”陕西省历史博物馆收藏

•“葵花”广东美术馆收藏

•“岭海风流”深圳关山月美术馆收藏

1999 •“雄镇南疆”中央军委八一大楼收藏

•“原上金风”广州艺术博物院收藏

•“南天宽阔奋花雄”人民大会堂收藏

2001 •“岭南三月木棉红”中南海紫光阁收藏

•“南粤雄风”广东省公安厅收藏

2002 •“果实”广州艺术博物院收藏

•“仙客来”广州市档案馆收藏

2003 •“俯身大地报天恩”中国美术馆收藏

•“浩气如虹”中国美术馆收藏

•“绿荫幽草胜花时”中国美术馆收藏

•“豪气干云”国防大学收藏

•“梅格图”岭南画派纪念馆收藏

•“渔村小唱”岭南画派纪念馆收藏

•“岭南春”广州花园酒店收藏

2004 •“南天宽阔好纵横” 广州白云国际机场收藏

•“向阳盛放” 毛主席纪念堂收藏

•“紫荆” 浙江美术馆收藏

•“映山红” 人民大会堂收藏

2006 •“雄姿英发一树擎天”国务院办公厅收藏

•“鱼跃图”广东美术馆收藏

2007 •“南粤雄风”广州白云国际会议中心收藏

•“戈壁斜阳”广东美术馆收藏

•“花磬未误期”广东美术馆收藏

•“入云图”东莞岭南美术馆收藏

2008 •“辉煌”2008 北京奥运会组委会收藏

•“岭南风骨”广州艺术博物院收藏

2009 •“南粤雄风”建设银行广东省分行收藏

2010 •“雄姿英发”2010 广州亚运会组委会收藏

•“乡风浩浩绿如蓝”浙江美术馆收藏

•“万紫千红总是春”民进中央委员会收藏

2011 •“南粤雄风”广州火车南站收藏

陈永锵，中国著名国画家，广东南海西樵人，1948 年生于广州市。1981 年毕业于广州美术学院国画系研究生班，获文学硕士学位。现为中国画学会副会长、中国艺术研究院美术创作研究员、中国国家画院研究员、岭南画派纪念馆名誉馆长、广州美术学院客座教授。国家一级美术师、享受国务院政府特殊津贴的专家。岭南画派杰出的代表人物。作品被人民大会堂、钓鱼台国宾馆、国务院办公厅、中央军委办公厅、中国美术馆、白云机场等广泛收藏。

陈文，传记作家。1960 年 3 月出生在广东省雷州半岛。

十八岁离开故乡，曾在河北、山西、陕西、北京、海南等地工作与生活，现居住广州。80 年代末离开体制，探索个人的自由，认为通过文学艺术，可以打开精神世界，无限地接近生命的真相。著有《吃饭长大》《老兵照片》《谁隐居在茂德公草堂》《最丑的那个人》《命运真相》《白纸黑字》等私人传记。把对政治与文化的思考，融入生活中，变成文学艺术来表达。国内最早利用私人照片和生活符号记录个人历史和传播个体生命价值的民间思想者，体制外自由作家突出的代表人物。

二十多年来，陈文一直拒绝各种诱惑，坚持生活在民间，保持着观察者冷静的状态，审视生命，记录世界。